小学生からはじめる こころの護心術™

ソーシャル・コミュニケーションスキル™

ネクストエデュケーションシンク 監修
こども未来支援連盟「こころの護心術教室™」編

長内 優樹・斉藤 実 著

清風堂書店

「こころの護心術™」とは

　いじめ防止対策推進法が施行されて 10 年あまり経ちますが、子どものいじめ被害の報道は、未だ、途絶えることはありません。むしろ、インターネットの普及もあり、より凄惨なもの、より陰湿なものも増えているような印象も受けます。さらに、コロナ禍による同世代との交流機会の減少により、子どもは上手な対人コミュニケーションスキルを育む練習の機会を奪われています。

　ただ、それでも、子どもは成長し、この社会を生きていかなければなりません。

　日々、生活していると、不意に誰かに傷つけられたり、傷つけてしまったりすることがあります。

　もし、傷を癒やすことよりも、傷を作らない方法を身につけることができたら、今よりももっと上手に、大切なことにエネルギーを注げるでしょう。

　「護身術」とは、相手を攻撃しないで、自分の身を護る技ですが、心は目には見えません。
　しかし、身体と同じように、相手を傷つけないで、自分の「心」を護ることもできるのではないでしょうか。
　そのための方法を考えて、たどり着いたのが、この「こころの護心術™」です。

　「こころの護心術教室™」では、学校や、日常生活で出会う場面をもとに、子ども達が自分の「心」を護るための練習をしていきます。
　「いじめの予防は学校の先生や行政が取り組み、撲滅すべきだ」「いじめはいじめる側が100% 悪い」、という意見も散見されます。ごもっともだとも思います。

　ただ、それでも、いじめられてしまったら、いじめてしまったら、傷つくのは本人と保護者の皆さんです。子どもの未来にも影響します。社会にとっても損失です。

　ですから、私たちは、できる限り本人が、「相手を傷つけず、自分も護る」そんな対人

関係の作り方ができるような<mark>コミュニケーション技法の習得</mark>をお手伝いします。

お子さまと社会の明るい未来のために、皆さんにもできることがあるはずです。

次ページのチェックシートの内容にお困りのお子さまをお持ちの保護者の方、小学校などの教育機関の先生方に、ぜひ手にとっていただきたい一冊です。

ぜひ、本書をご一読ください。

一生モノのソーシャル・コミュニケーションスキル™をお子さまに

本書は、子どものいじめの被害および加害の予防のために、<mark>保護者の皆様がご家庭でお子さまと学ぶ</mark>ための書籍です。

前半部分（第1部）は、学校いじめと子どもの心の発達や将来への影響、こころの護心術教室™の取り組みについてご紹介します。

後半部分（第2部）では、当校の理念である<mark>「相手を傷つけず、自分も護る」</mark>ための社会的な対人関係の技術（ソーシャル・コミュニケーションスキル™）について、<mark>保護者が講師役</mark>となり、練習ができる教材となります。教室で講師が受講生に行う授業の一部を<mark>ご家庭で実施</mark>していただけるように作成しました。

コミュニケーションの習得には、<mark>反復練習が必要</mark>です。

突然言われる悪口や、予期せぬ要求、悪意なく向けられるものの本人は恥ずかしい思いをしてしまう関わり、自らの正当性を主張すべき状況など、社会ではさまざまなシチュエーションで、<mark>とっさに自分を護り、相手を傷つけない</mark>コミュニケーションを取ることが必要とされます。

ぜひ、お子さまがこの社会で幸福を感じる瞬間が少しでも増えるように、<mark>一生モノのソーシャル・コミュニケーションスキル™をプレゼント</mark>してあげていただきたいです。

私たちは、それを全力でお手伝いします。

保護者の皆様へ

お子さまは、以下のようなことでお困りではないでしょうか？

☑ 気持ちを上手く言葉にできず、お友だちとうまく過ごせない

☑ 学校でクラスにうまく馴染（なじ）めていないようだ

☑ 内向きで人と話すのが苦手

☑ 周りからバカにされることがあっても、黙ってしまう

☑ 遊びの中で、からかわれて、我慢（がまん）してしまう

☑ 友だちを怒らせることを、悪気（わるぎ）なく言ってしまう

☑ LINE などの通信アプリで、お友だちとうまくいって
いないようだ

☑ 人から誤解（ごかい）されて責められても、
うまく弁解（べんかい）ができない

１つでも当てはまる項目があり、改善できるようになった方がよいと、保護者の皆様が
思うようでしたら、「こころの護心術™」を学んでみることをおすすめします。

本書について

　私たちの自己紹介をさせてください。

　こころの護心術教室™は、『こども未来支援連盟™』という団体によって運営されています。そして、こども未来支援連盟™は、『NET 総合研究所』と『株式会社ネクストエデュケーションシンク』の支援を受けています。

理事長 - 斉藤　実（さいとう　みのる）よりごあいさつ

　「こども未来支援連盟™」理事長の斉藤実と申します。私は、企業と学校向けに科学的な能力アセスメントを開発提供し人財育成を支援するベンチャー企業「ネクストエデュケーションシンク」を創業してから既に 20 数年が経ちました。その間、約 200 種類のデジタル・アセスメントコンテンツを開発し、オンラインで延べ 400 万人、1500 法人の企業と学校でご活用いただいてまいりました。

　それに加えて、学校分野では、中学、高校、大学にわたり、社会で活躍ができる各種能力の開発を目的に学生版のアセスメントを実施いただいています。その数は延べ 10 数万人を超えており、10 年以上にわたって、学生達の経年での成長傾向を追いかけて、更に社会人になってからも、その統計的な人財データ分析を継続して行っていく中で、見えてきたことがありました。

　それは、小学生、中学生、高校生の時期における「いじめの被害体験」は、その後の子ども達の性格形成、自己形成や、さらに、大学生、社会人となった後の人生にも大きな影響を与えているということでした（図１）。

　図 1 をご覧ください。「人の一生の社会的能力・ビジネス能力の発達・成長カーブ」を全体俯瞰（ふかん）して描いてみたもので、初めて本書で発表するオリジナルのイメージ図（仮説）です。これは、私が株式会社ネクストエデュケーションシンクにおいて、これまで小中高大学生から、様々な業界職種の企業の社員・リーダー・管理職、そして経営層の方々までを一貫して、デジタル手法の多面的な人財アセスメントを長年継続的に実施してきた統計ビッグデータの分析・研究の中から見えてきたものです。

　人が生まれてから、親の保護のもと家庭や保育園・幼稚園等で知的発達をして、小・中学生から高校・大学での学生時代を経て基礎学力を身につけ、社会人となって、自立して

図1

社会・ビジネス視点から見た、「人の社会性と仕事人生における成長カーブといじめの発生時期によるマイナス影響のイメージ図」（仮説）

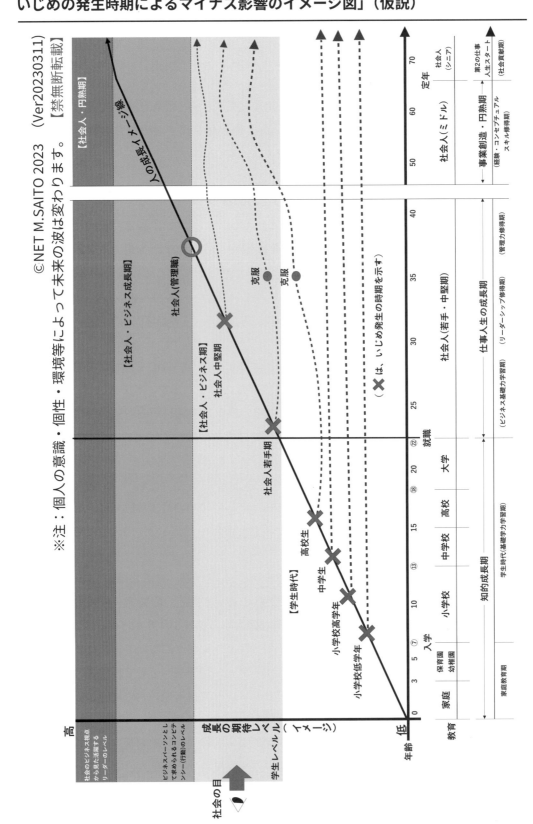

©NET M.SAITO 2023 （Ver20230311） 【禁無断転載】

※注：個人の意識・個性・環境等によって未来の波は変わります。

一人で食べていくための仕事人生を送っていく上で、現代社会で必要となる基礎知識、基礎学力、コミュニケーション力、コンピテンシー（行動特性）、マネジメント力、などの能力の経年での成長データの実態を、社会・ビジネス視点から見た「人の社会性と仕事人生における成長カーブといじめの発生時期によるマイナス影響のイメージ図」（仮説）として全体概観を説明するために纏めたものです。

　縦軸（Y軸）を「人の社会的成長の期待レベル」として、横軸（X軸）を「人の年齢による成長の時間軸」として、①7歳から小中高大学までを＜知的成長期＞、②22歳からを＜社会人（若手・中堅期）＞、③45歳くらいから企業の管理職として活躍される＜社会人（ミドル期）＞、④第2の人生スタートとなる65歳からを＜社会人（シニア期）＞と大きく区分けしています。また、この図の左下から右上に斜めに伸びる太い直線を、子どもから大人となって、社会で仕事で活躍していく様子を一般的な「人の社会的成長のイメージ線」（仮説）として俯瞰して描いてみた仮説イメージ図となります。

　この図で、特に見ていただきたいところは、本書で学校・社会に提起して少しでも改善したい社会問題・本書のテーマである「学校いじめ」が発生するポイントの例として、太線上に×印をつけたところと、そこで被害を受けた生徒が、その後の回復や立ち直りの可能性をイメージした破線のカーブの例です。①小学生低学年（1〜3年生：6歳から9歳くらい）。②小学生高学年（4〜6年生：10歳から12歳くらい）。③中学生（1〜3年生：13歳から15歳くらい）におけるいじめ発生の場合は、その年齢の子ども達は、まだ、コミュニケーションが不得手で、いじめへの対処スキルが十分身についていない可能性が大であり、ある日突然遭遇する「学校いじめ」「ネットいじめ」等でターゲットにされて被害者になった子ども達は、その場では、自分の知識や力ではそれを跳ね返すことができません。さらに、加害者から何度もしつこく継続された「学校いじめ」の場合では、被害者の子どもは、保護者や先生にもなかなか相談できず、解決できないまま一人で悩み、こころに深い傷を負い、学校へ行くのがいやになり、精神的にも落ち込んで不登校の原因となってくるケースが多いです。

　学校に行けなくなることも多く、図1の破線のように、それが原因となってそこからの社会・仕事人生の成長も止まってしまい、そのまま小学校、中学校、高校と何年間も不登校が続いていくと、社会を生きるための基礎学力の習得や人とのコミュニケーションスキルも普通に発達できない環境のままとなり、その子どもは大人になっても、家でニートのままとなったり、社会的に自立できないままの人生を一生送ることもあります。

※いじめの被害者となった子どものその後の成長線が止まってしまったイメージ例を仮に破線で描いてみました。必ずしもそうなる訳ではありません。

被害生徒は、そのまま不登校となることも多くあり、そのまま戻れなければ精神的に人や社会に関われないままの引きこもりの人生を歩んだり、社会で活躍するどころか、基礎学力やコミュニケーション力の不足が原因で、就職や、仕事にもなかなか意欲的に関われず、家庭でニート状態が長引けば、そのまま数十年経っても社会に出られない方もいらっしゃいます。私たちの長年の研究からは、小学校、中学校など早期での知的発達・成長期の「学校いじめ」などの被害体験は、そうした人生の長期にわたる負の影響が継続して残る原因になってしまう可能性があると考えています。

なお、高校生や、大学生、社会人、若年・中堅期などでも、人間社会では、いじめに遭遇する可能性は社会のあらゆるところで常に存在していますが、しかしその年齢になれば、その方々は社会性をある程度身につけた後なので、どうにか逃げられたり、精神的に強くなっていやな思いを振り切ったりして、それを克服して、自分の人生を創る方も大勢いらっしゃいます。

その頃になれば、いじめを非人間的・非社会的な行為であり、犯罪としてとらえることができ、それへ対処の知恵や退避する方法も自分で探せる頃となりますので、社会的な回復も早くできるようになり、自らの意思での立ち直りや克服も可能になるかと思います。

しかし、ここで、申し上げたいことは、次の**文部科学省発表の図2、図3、図4の調査資料**から見えるように、小学校、中学校の年齢の時期が「学校いじめ」の被害者発生のピーク期であり、私たちはこれらの、自らの力で対処や避難がまだうまく取れないうちの年齢の子ども達、この義務教育の時期である「小中学校時代の子どものいじめの被害者を、少しでも世の中から減らして、より明るい人生が送れるような学校や社会に変えていきたい」という、私たちの強い思いが、本書の出版を決意した動機・コンセプトである、ということです。

これから未来を創っていく日本の子ども達が、今大きな社会問題になっている「学校いじめ」の被害を受けないで済むための手法として、子ども達が小・中学生の早期のうちに、自らで自分のこころを護るための手法を学び、社会を強く生きていくために、最初に身につけておくべき最も大事なスキルとしての「ソーシャル・コミュニケーション・スキル」を、子ども達が短期間で身につけるための「こころの護心術教室™」を立ち上げ、この「学校いじめ」対策として、本人に一生役立つ本質的な解決策へのトレーニング・アプ

ローチを、家庭、学校、社会などに広めていくことで、少しずつでも日本の子ども達のいじめ被害が減り、家庭、学校、社会がより明るくなり、だれもが安心して学校で楽しく学べて、強く生きていけるような力を早期に身につけることを願って、社会貢献にもつながるこの活動を普及していくことを思い立った次第です。

　文部科学省が令和３年に発表した、小中高校対象の「いじめの現状について」の調査資料[注1]によると、令和２年の認知件数は全体で51万件と平成18年の約4.1倍に増えており、その中でも特に、小学校におけるいじめ件数が42万件と約6.9倍に激増していて、学校におけるいじめの低学年化が進んでいることが分かります（図２、図３）。

　またスマホ、SNSの普及で「ネットいじめ」も増えており、さらに痛ましい「いじめの重大事態」となる件数も増加しています（図４：赤枠部分参考）。

図２
学校におけるいじめの現状について（文部科学省　調査資料より）

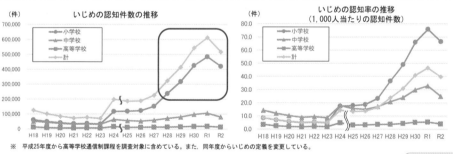

小・中・高等学校及び特別支援学校におけるいじめの認知件数は517,163件（前年度612,496件）であり，前年度に比べ95,333件（15.6%）減少している。児童生徒1,000人当たりの認知件数は39.7件（前年度46.5件）である。
認知件数は，全校種で減少している。

※　平成25年度から高等学校通信制課程を調査対象に含めている。また，同年度からいじめの定義を変更している。

年度	H18	H19	H20	H21	H22	H23	H24	H25	H26	H27	H28	H29	H30	R元	R2	認知件数の前年度比較
小学校	60,897	48,896	40,807	34,766	36,909	33,124	117,384	118,748	122,734	151,692	237,256	317,121	425,844	484,545	420,897	《小学校》63,648件（13.1%）減少
	8.5	6.9	5.7	4.9	5.3	4.8	17.4	17.8	18.6	23.2	36.5	49.1	66.0	75.8	66.5	
中学校	51,310	43,505	36,795	32,111	33,323	30,749	63,634	55,248	52,971	59,502	71,309	80,424	97,704	106,524	80,877	《中学校》25,647件（24.1%）減少
	14.2	12.0	10.2	8.9	9.4	8.6	17.8	15.6	15.0	17.1	20.8	24.0	29.8	32.8	24.9	
高等学校	12,307	8,355	6,737	5,642	7,018	6,020	16,274	11,039	11,404	12,664	12,874	14,789	17,709	18,352	13,126	《高等学校》5,226件（28.5%）減少
	3.5	2.5	2.0	1.7	2.1	1.8	4.8	3.1	3.2	3.6	3.7	4.3	5.2	5.4	4.0	
特別支援学校	384	341	309	259	380	338	817	768	963	1,274	1,704	2,044	2,676	3,075	2,263	《特別支援学校》812件（26.4%）減少
	3.7	3.2	2.8	2.3	3.1	2.4	6.4	5.9	7.3	9.4	14.5	19.0	21.7	21.7	15.9	
計	124,898	101,097	84,648	72,778	77,630	70,231	198,109	185,803	188,072	225,132	323,143	414,378	543,933	612,496	517,163	
	8.7	7.1	6.0	5.1	5.5	5.0	14.3	13.4	13.7	16.5	23.8	30.9	40.9	46.5	39.7	

※　上段は認知件数、下段は1,000人当たりの認知件数。

※出典：令和2年度　児童生徒の問題行動・不登校生徒指導上の諸課題に関する調査結果の概要
（令和3年10月13日　文部科学省）

※赤枠は筆者により追加しています。

注１　「文部科学省　令和２年度児童生徒の問題行動・不登校等生徒指導上の諸課題に関する調査」（令和３年11月22日・資料２「いじめの現状について」）

図3
学校におけるいじめの現状について （文部科学省　調査資料より）

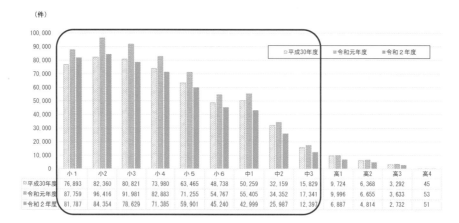

学年別　いじめの認知件数

（件）

※各学年の認知件数には，特別支援学校小学部・中学部・高等部の認知件数を含む

	小1	小2	小3	小4	小5	小6	中1	中2	中3	高1	高2	高3	高4
□平成30年度	76,893	82,360	80,821	73,980	63,465	48,738	50,259	32,159	15,829	9,724	6,368	3,292	45
令和元年度	87,759	96,416	91,981	82,883	71,255	54,767	55,405	34,352	17,341	9,996	6,655	3,633	53
令和2年度	81,787	84,354	78,629	71,385	59,901	45,240	42,999	25,987	12,397	6,887	4,814	2,732	51

● 学年別いじめの認知件数は，全学年で前年度と比較して減少している。
　なお令和元年度は，全学年で前年度より増加していた。

※出典：令和2年度　児童生徒の問題行動・不登校生徒指導上の諸課題に関する調査結果の概要
（令和3年10月13日　文部科学省）

※赤枠は筆者により追加しています。

図4
学校におけるいじめの現状について （文部科学省　調査資料より）

いじめの重大事態

重大事態の発生件数は，514件（前年度723件）。うち，法第28条第1項第1号に規定するものは239件（前年度301件），同項第2号に規定するものは347件（前年度517件）である。
文部科学省では，いじめ防止対策推進法第28条第1項のいじめの重大事態への対応について，学校の設置者及び学校における法，基本方針等に則った適切な調査の実施に資するため，「いじめの重大事態の調査に関するガイドライン」を平成29年3月に策定している。

〇いじめ防止対策推進法第28条第1項に規定する「重大事態」の発生件数

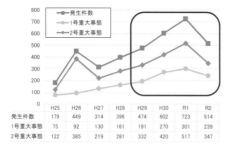

	H25	H26	H27	H28	H29	H30	R1	R2
発生件数	179	449	314	396	474	602	723	514
1号重大事態	75	92	130	161	191	270	301	239
2号重大事態	122	385	219	281	332	420	517	347

		小学校	中学校	高等学校	特別支援学校	合計
重大事態発生校数（校）		189	222	76	4	491
重大事態発生件数（件）		196	230	84	4	514
	うち，第1号	76	109	51	3	239
	うち，第2号	143	155	47	2	347

※　いじめ防止対策推進法第28条第1項において，学校の設置者又は学校は，重大事態に対処するために調査を行うものとすると規定されており，当該調査を行った件数を把握したもの。
※　同法第28条第1項に規定する「重大事態」とは，第1号「いじめにより当該学校に在籍する児童等の生命，心身又は財産に重大な被害が生じた疑いがあると認めるとき」，第2号「いじめにより当該学校に在籍する児童等が相当の期間学校を欠席することを余儀なくされている疑いがあると認めるとき」である。
※　1件の重大事態が第1号及び第2号の両方に該当する場合は，それぞれの項目に計上されている。

※出典：令和2年度　児童生徒の問題行動・不登校生徒指導上の諸課題に関する調査結果の概要
（令和3年10月13日　文部科学省）

※赤枠は筆者により追加しています。

大人の社会では、他人の心身に危害を及ぼす「いじめ」の行為は、法律では「強要罪」、「恐喝罪」、「傷害罪」、「暴行罪」などとして、加害者は犯罪として取り締まることができますが、まだ未成年者である学生には、そうした介入は難しい現状があります。

　しかし、特に小学生、中学生など年齢が低く、身体も小さい子どもの頃は、いじめへの対処方法もまだ身につけていないため、ある日突然学校で、様々ないじめの被害者となる可能性があります。

　被害者となった子どもは、よほど慣れていないとその場で反射的に対抗することができずに、仮に暴力を受けなかったとしても、こころに傷を負い、その後に不登校等の原因となる可能性があります。また、学校でからかわれたり、悪口を言われたり、仲間はずれにされたり、面白いからと繰り返しいじめのターゲットにされることなどで、子どものこころが更に追い詰められて、図4の「いじめの重大事態」につながることなどが危惧されます。

　そこで私たちは、この度、急増している日本の学校における子ども達の「いじめ被害」を少しでも減らして、そうした子ども達の未来や社会を明るく変えることができないものか、との強い思いから、「こども未来支援連盟™」を創立することにいたしました。

　「こども未来支援連盟™」は、20年以上にわたってデジタル手法の客観的な様々な能力アセスメントの開発と分析、人財育成、企業組織のコンサルテーションを行ってきた株式会社ネクストエデュケーションシンクと、その研究開発機関の「NET総合研究所」の後援を受けて設立いたしました。現在我が国の、小学生、中学生の年齢の子ども達が、学校での「いじめ」に上手に対処ができる力として、新たに「こころの護心術™」の理論と実践トレーニング手法を研究・開発し、子ども達の「学校生活適応度」を見る分析とトレーニングを活用して、被害を受ける可能性がある子ども達が「いじめから、自らこころを護り、上手にかわせるコミュニケーション力（ソーシャル・コミュニケーションスキル™）」を小中学生のうちに身につけるための教室を立ち上げることにいたしました。

　本書は、私どもがオリジナルで開発し、近年急増する「学校いじめ」の被害から子ども達を護るための本です。また、日本の学校教育に係る先生方や、同じ想いをお持ちの保護者の方々や、ご共感いただける社会人の皆様にも広くご提唱し、私どものこの活動にご支援やご鞭撻をいただき、普及をさせていきたい新しいアプローチです。＜子ども達が自ら「学校いじめ」の被害から自分のこころを護るためのソーシャル・コミュニケーションス

キル™＞としての「こころの護心術™」を、ご家庭で保護者の方とお子さまが一緒に練習でき、短期間ですぐにご活用ができるトレーニングのための本であり、また「こころの護心術教室」における「認定テキスト・ワークブック書籍」となっています。

　早期に子ども達がこの、社会を強く生きるために必須の「ソーシャル・コミュニケーションスキル™」という基本スキルを身につけて、いま社会課題となっている小学校、中学校での「いじめ」からも解放されることを願っています。さらには大人になってからも人生を強く明るく生きることができるようになるこの「人生を強く生きる基本スキル」を身につけて、今後だれでも遭遇する可能性がある、学校・社会・会社などにおける様々な「いじめ」などから、自らの「こころを護る」ことができる一生ものの「こころの護心術™」として、お役に立てることを、私たちは願ってやみません。

　私たちは、小学校・中学校の教育分野で毎日ご苦労されておられる先生方ともご連携してはおりますが、学校教育の経験知や知識は乏しい立場ではあります。しかし、子どもから大人までの一貫した人財育成をデジタルデータを駆使した科学的なアセスメント手法で実施してきて、そこで分析・研究してきた、学校教育視点とは異なる社会・ビジネスまでを含む人の一生の成長の視点からのアプローチを続けて参りました。だからこそ気づいた小さな改善活動ではありますが、私たちは、エビデンスを持った実際の人の成長データの裏付けに基づいて、いま急増が社会問題ともなっている「学校いじめ」の対策方法について考えてみると、ここに、子ども達のいじめの原因となる本質の一つが潜んでいて、この原因の一つを対策・予防したいと考えています。この「こころの護心術™」手法を広く普及させ、小学生の早いうちに「ソーシャル・コミュニケーションスキル™」のトレーニングをして身につけさせておけば、もちろん全てではないですが、私たちのこれまでの研究データからの可能性のレベルでは、小中学生の子ども達の３割程度には、高い予防・対策性、有効性があると考えられ、子ども達が自らの力で「学校いじめ」の被害回避ができる有効な手段・手法の一つとなると考えております。

　本書をお読みいただいた読者の皆様、子ども達の保護者の皆様、そして学校の先生方などの皆様方からの、このアプローチへのご感想、ご指摘、ご共感されたポイント、役立つと思われる点など、アドバイスや、普及へのご支援・ご連携などを、よろしければ頂戴できましたら幸いです。私たちは、まだ立ち上げたばかりの小さな活動ではございますが、既に「学校いじめ」の対策へ様々な活動をされておられる皆様方からの、ご評価や、アド

バイス、ご指導、ご連携についてなどのお声を賜れますと幸いと存じます。

　今後ともどうぞよろしくお願い申し上げます。

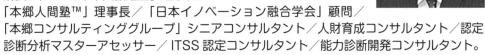

斉藤　実（さいとう　みのる）
【プロフィール】
哲学教育系雑誌編集長を経て、「アスキー」入社。PC技術マニュアル編集長、教育メディア編集長を経て、人財育成・DX手法の能力アセスメント開発会社の「株式会社ネクストエデュケーションシンク」を創業。代表取締役。人財能力研究機関「NET総合研究所」所長。「こども未来支援連盟」理事長。
「本郷人間塾™」理事長／「日本イノベーション融合学会」顧問／
「本郷コンサルティンググループ」シニアコンサルタント／人財育成コンサルタント／認定診断分析マスターアセッサー／ITSS認定コンサルタント／能力診断開発コンサルタント。

学長・専務理事 - 長内優樹（おさない　ゆうき）よりごあいさつ

　「こども未来支援連盟™」の長内優樹と申します。私は大学での心理学の教員を10年以上務めつつ、自らが代表の民間企業において心理学周辺領域の学習支援および学術研究の支援事業を営んできました。

　また、当組織に関連する活動として、自治体が主宰する不登校支援事業への参加や、心理的支援職の国家資格である公認心理師の資格成立に向けた活動にも従事してまいりました。

　当組織は、その名の通り子どもの未来を支援する目的で設立いたしました。

　子どもの心の成長に与える人間関係の役割は大きいものです。それは、大人との関わりはもちろん、大人が介入しにくい子ども達同士での関わりも同様です。

　関わり方、つまりコミュニケーションの仕方は、知らず知らずのうちに固定化し、他者との関係性もまた固定化していきます。そのようなメカニズムの中、いわゆる"いじめ"／"いじめられ"、という言葉に代表されるような不幸な「対人関係での軋轢」が発生することがあります。いわゆる"いじめ"は被害者側にとってはもちろん、加害者側にとっても心の成長に肯定的ではない影響を及ぼすことが少なくありません。

大人であれば自らのコミュニケーションのクセを見直し、コミュニケーションのバラエティを増やし、人間関係を調整することは、そのような努力をすれば、可能な場合もありますが、子どもにはとても難しいことでしょう。そこで、当組織では、「他者を攻撃せず、自己も傷つけない」そんなコミュニケーションを、より上手にとれるようになりたい、と考えるお子さまや、お子さまに子ども達同士でのコミュニケーションの練習をさせてあげたいと考える保護者のために「こころの護心術教室™」を運営してまいります。

　具体的な内容は、本書でご紹介いたしますが、私たちは子ども達同士が健やかで他者と自己に優しい関わり合いができるコミュニケーションを育むことを支援してまいります。

　最後に、このような子どもを対象とした教科学習以外の支援事業は得てして、志ある者の強い気持ちを動因に開始されるものの、経営上の問題を抱え、理念と活動は評価されるべき内容であったとしても、その活動が継続的になされないことが残念ながら多いことも、私たちは認識しております。そこで私たちは、私たちの活動に全面的な理解を示してくださる「株式会社ネクストエデュケーションシンク」と「NET 総合研究所」の後援を受け、サステナブルな活動の実現を試みることにいたしました。

　子どもの未来を支援する、私たちの挑戦へのご理解とご支援をいただけますと幸いです。

　どうぞよろしくお願い申し上げます。

長内優樹　（おさない　ゆうき）
【プロフィール】
心理学の学習および研究支援サービスを行う合同会社セカンダリー代表。法政大学など 5 つの大学の教員も兼務。大学での講義数は週に 10 コマ以上（2023 年度現在）。心理相談職の国家資格である「公認心理師」の資格制度成立に向け活動した公認心理師推進ネットワークに副代表および後援企業の代表として従事。こころの護心術教室™の活動に関する学術研究業績（近著）として「企業におけるいじめ加害傾向者を対象としたアセスメントツールの開発に向けた展望　―日本の教育心理学における学校のいじめ研究を踏襲して―　法政大学多摩論集, 37, 77-84.」、「日本の教育心理学におけるいじめの加害者研究の現状の把握（1）―2001 年から 2010 年の 10 年間における状況―　神奈川大学経営学部　国際経営論集, 60, 41-43」、「Classification of workplace bullying as a type of internal impropriety – Comparison with the structure of bullying in Japanese schools – The 59th Annual Convention of the Taiwan Psychological Association.」が挙げられる。

こころの護心術教室™ Web
https://www.cocoro-no.net
（2023 年 8 月現在）

こころの護心術教室™ instagram
@cocoro_hongoh
（2023 年 8 月現在）

こころの護心術教室™ Facebook
https://www.facebook.com/cocoro.hongoh/
（2023 年 8 月現在）

株式会社ネクストエデュケーションシンク Web
https://www.nextet.net
（2023 年 8 月現在）

NET 総合研究所™ Web
https://netsouken.net
（2023 年 8 月現在）

注意事項 − ご購入・ご利用の前に

ご購入・ご利用の前に必ずお読みください。

本書に記載された内容は、情報の提供のみを目的としています。したがって、本書のご利用は、必ずお客様自身の責任と判断によって行ってください。本書の情報の運用の結果について、本書の著者および出版社、関係団体は、いかなる責任も負いません。

商標について

「こころの護心術教室」、「こども未来支援連盟」は登録商標です（特許庁：登録第6626555 号、登録第 6613478 号）。「ソーシャル・コミュニケーションスキル」は商標です。また、その他、本文中に記載されている製品名、サービス名、会社名は、すべて関係各社の商標もしくは登録商標です。本文中では、™マークや ® マークを省略している場合があります。

サービス内容および URL などについて

本書に記載された各種サービスの内容や URL（二次元バーコードを含む）などは、予告なく変更される場合もございます。

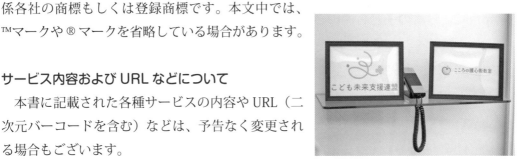

<h1>目次</h1>

第1部　保護者と考える「こころの護心術™」

第1部は、いじめ予防に関する私たちの考え方や、こころの護心術教室™のご紹介です。
保護者の方がお読みください。

第2部　親子で学ぶ「こころの護心術™」

第2部は、ワークブック（教材）です。第1部をお読みいただけば、ご家庭で保護者の方がお子さまと、こころの護心術™の習得が目指せます。

Chapter 1

子どものいじめの現状と課題

ネット社会で加速する日本のいじめ

　文部科学省による直近の調査（2021 (1)）では、2020 年度における小・中・高等学校及び特別支援学校におけるいじめの認知件数は 517,163 件（前年度 612,496 件）であり、前年度に比べ 95,333 件（15.6 ％）減少したとしています。

　しかし、この年度は新型コロナウイルス感染症の影響により、児童・生徒同士が直接対面してやり取りをする機会が減少したこと等によるものとされ、引き続きいじめの早期発見、積極的な認知、早期対応に取り組むことが重要であるとされています。

　小学校、中学校、高等学校、どの学校段階においても、いじめの防止対策や被害者やその家族への支援の必要性は増すばかりです。また、近年では、いわゆる「激辛カレー教員いじめ」事件（森田, 2019 (2)）など、大人のいじめも注目されるようになってきています（例えば、NHK, 2020 (3)）。

　本書では、いじめの被害および加害の予防のためのコミュニケーションのトレーニングを小学生からはじめることをオススメするものです。その理由は次節（Lesson 2）と、それ以降でお話しますが、ここで、小学校で起こったいじめに端を発するいたましい事件の事例について少しだけみておきましょう。

"桐生市小学生いじめ自殺事件"

　母親へのプレゼントにするはずだった手編みのマフラーをカーテンレールにかけ首をつった状態で発見。遺書はなかったが、警察は状況から自殺と判断（毎日新聞, 2010 (4)）。

"小 6 女子いじめ事件（東京都町田市）"

　2020 年 11 月、東京都町田市の小学校で、小 6 の女の子がいじめを苦に自殺。この学校は ICT 推進校で、全国に先駆けて「一人一台端末」を配り、校長はその旗振り役として有名であった。被害者はチャットで悪口を言われ、それを他の児童がなりすましでログインし、のぞき見され知られていた（森下,

2021 (5))。

義務教育なら、せめて安全に通わせてほしい

　ご紹介した事例は、背景を知れば知るほど、凄惨_{せいさん}なものです。ただ、このように事件化され、世間の注目を浴びる事例は氷山の一角で、水面下には数え切れないほど、多くのいじめの事例があることでしょう。

　このように過去のいじめ事例をみていくと、小学校は義務教育なのだから、せめて安全に通わせてほしい、そのような考えが浮かんでくる保護者の方もいらっしゃるのではないでしょうか。ただ、学校や制度に対して対応を求めても、そのような、言い方によっては、他力本願ともみることのできる期待をいだいても仕方がない。自分たちでは何もせず、手をこまねいているうちに時が過ぎ、それで人生を損させたくはない、そのように思われる保護者の方もいらっしゃると思います。

ネットいじめも増えている

　近年、インターネットを用いたいじめ、いわゆる「ネットいじめ」が注目を集めています。ネットいじめとは、デジタル技術を利用したいじめのことで、SNS などのソーシャルメディア、メッセージアプリやゲームアプリ、オンラインゲームなどのネット上のコミュニティ、スマートフォンや携帯電話上でのコミュニケーションなどで起きています。他人を怖がらせたり、怒らせたり、恥をかかせたりすることを目的としてなされているようです。

　ネットいじめの怖さについては、国も認識していて、例えば、総務省（n.d.注1(6)）は、「ネット以外のいじめよりもたちが悪い面がある」と紹介しています。どのようにたちが悪いのかというと、

1) ネットいじめは、いつも持っているスマートフォン（以下、スマホ）などで利用する SNS でも行われるので、学校だけではなく、家にいても休日

注1　no date 日付不明

でもいじめられるので、精神的により追いつめられる。

2）書きこまれたことはずっと残る上、他の人に広めるのも簡単で、多くの人に見られてしまう。

3）SNSによっては、参加者しか見られず、検索などでも見つけられないので、いじめがあったことが外からわからないケースもある。

どれも、他人を追いこむひどい行いです。

また、現時点での保護者や先生といった子どもの周囲の大人たちは、自らが子どものときにはなかった形のいじめですし、次々と新しいアプリやサービスが出てきますので、ネットいじめに気づいてあげる、理解してあげることが難しい、という問題があります。大人の想定の範疇を超えている、考えが及ばないようないじめがなされている可能性があります。

いじめと日本文化

いじめる側といじめられる側の人数比という視点で考えてみると、いじめられる側の方が少ないわけです。いじめの被害が増えているような印象がある昨今ですが、いじめられる側は多数派か少数派か、といえば、少数派なわけです。

「多様性」という言葉も広がりをみせつつある昨今ですが、日本社会においては、自分たちと主張や能力、見た目が異なる存在や、集団のあり方に変化を起こそうとする存在へは、それを改めさせたり、同調を強要したり、無視し、集団から排除するように働きかけたり、それをされる当人からしたら、いじめられている、とも捉えられる状況が頻繁に起こっています。

このことは、子どもの社会だけではなく、大人同士の社会にも起きています。仕事のなかでも、権力闘争、足の引っ張り合いなども、とり方によって

は、その構造は子どものいじめと変わらない場合も多いです。

　世界的にみるとまだまだトップレベルともいえる日本の治安の良さや、公共の場でのマナーのよさは、こうした集団の同質性をもとめる圧力にあるとの見方もあります（同調圧力などとも呼ばれますね）。しかし、このような同質性をもとめる圧力は、「村八分」などとも呼ばれる言葉があるとおり、異質な者を集団のメンバーの多数派で攻撃し、排除しようとすることで維持されている、ともいえます。そして、攻撃や排除を主導した多数派同士で「ほら、私たちとは違う"変わったこと"をすると、あぁいうひどい目にあっちゃう（追い出されちゃう）。」と、自分たちの振る舞いを正当化する、いわば生贄を捧げる儀式として「いじめ」が行われている側面があります。

　私たち、日本人はどうやら、自分と異なる存在と一緒に過ごすことに慣れていないように思えます。その証拠に、周囲と比べて何かが劣る者がいじめられる側に必ずしもならず、秀でていることでいじめられることもあるからです。

　良い意味でも、悪い意味でも周囲の人間に関心がありすぎるように思えます。その背景には、「お互いを知れば、理解しあえる」との信念があるようにも思えます。「違いを認めあう」という表現もよく聞きますが、認めあえない違いはどうすればいいのでしょうか…。
　社会生活を営むことは、他者との関係性を調整し続けることに他なりません。
　皆さんは、この社会をどのように生きてきましたか？　また、子ども達にどのように生きていってほしいですか？

いじめとどう向き合いますか？
　保護者の皆様は、お子さまと共に、いじめにどう向き合いますか？

　被害を受けるかもしれないし、加害をする側になるかもしれません。「うちの子に限って、そんなことはない」と思えるなら、それは立派なことだと思い

ます。でも、もしかすると、それはあなたの期待にすぎないのかもしれません。

　私たちの立場を申し上げておきます。
　私たちは、事後の対策より予防に焦点を当てます。
　そして、
1）身体への暴力はいじめというより「学校（内）暴力」です。それは、傷害ですので、学校、社会、家庭で然るべき対応を行えるようになってもらう。
2）それ以外のいじめ行為は、コミュニケーションスキルを向上させることによって、できる限り子ども自身で予防できるようになってもらう。

　以上が、私たちの現在の立場です。私たちは特に2）の練習のお手伝いに注力して参ります。

引用文献

（1）文部科学省（2021）.いじめの現状について 令和3年11月22日（月） 文部科学省初等教育局児童生徒課 https://www.mext.go.jp/content/20211122-mext_jidou01-000019036_03.pdf（2023年3月23日）
（2）森田太郎（2019）.「激辛カレー教員いじめ」は氷山の一角。職員室の闇とその解決法　https://gendai.media/articles/-/67700（2020年10月26日）
（3）NHK（2020）.「防げるか？　大人のいじめ」クローズアップ現代＋1月29日（水）　https://www.nhk.or.jp/gendai/articles/4378/（2020年8月30日）
（4）毎日新聞（2010）.2010年10月26日
（5）森下和海（2021）.「小6女子をいじめ自殺に追い込んだ『一人一台端末』の恐怖——パスワードは全員『123456789』」 https://president.jp/articles/-/49923?page=3（2023年3月23日）
（6）総務省（n.d.）.「ネットいじめは何がこわいの」 https://www.soumu.go.jp/hakusho-kids/safety/point2/danger/danger_02.html（2023.03.23）

小学生からはじめる「こころの護心術™」

　コミュニケーションのトレーニング「こころの護心術™」は、いつから学び始めるべきか。

　私たちは、小学生からと考えています。ここからは、どうして、そのように考えているのか、お話します。

子ども同士のコミュニケーションが増える

　小学生になると、学校の先生や保護者などの大人が間に入ってくれない子ども同士のコミュニケーションが増えます。保育園や幼稚園など小学生になる前までは、お友だち同士のトラブルが生じても、保護者や先生が「そういう言い方しないの」などと目の前で叱ってくれたり、「ごめんね、（あなたからも直接）謝りなさい」などと大人が謝ってくれてから、当人の謝罪を促してくれることも多いですが、小学生になるとそうしたフォローは、劇的に減っていきます。仲直りをしたいのなら、それも自分たちでしないといけませんが、これは難しいことです。大人の皆さんでさえも、なかなか難しいですよね？

同世代間のコミュニケーションは、家庭内にはない

　子ども同士のコミュニケーション、つまり、同世代間のコミュニケーションは、家庭内にはないやり取りがたくさんあります。

　ふざけあったり、からかいあったり、コミュニケーションの始発点として、相手のモノを取ってみたり、軽く身体を小突いてみたり……、大人同士ではとらなくなってしまったやり取りをしています。

　そうなんです、家庭内で経験したことのないコミュニケーションに、たくさん晒されます。

　保護者の皆さんはふざけて、お子さんのことを「バーカ（笑）」と軽く罵ったり、食事中にお子さんの好物を「ちょーだい！」と取ってみたりは、あまりしないですよね。つまり、小学校に入ると、家庭内では学べない、練習ができ

ない子ども達同士のコミュニケーションに晒されて、そこで、お子さまによっ
ては、びっくりしたり、傷ついたり、上手な反応ができずに相手を傷つけた
り、対人関係トラブルのきっかけを作ってしまいます。

　そして、トラブルが起こっても間に大人が入ってくれない、仲裁してくれ
ないのが現実なのです。

"いじめ" の多くは同世代間で起こる – 小2ピーク説も

　当然ですが、いじめの多くは同世代間で起こります。特に小学校低学年で
は、他の学年の友だちはできにくいので、同じ学年、同じクラス内で起こるこ
とがほとんどです。

　ただ、先程お話したとおり、同世代間でのコミュニケーションを練習する機
会は、なかなかないのです。歳が近い兄弟姉妹や、学校以外でも遊んでいる幼
稚園、保育園や近所のお友だちがいればよいのですが、すべてのご家庭がそう
いう状況にあるわけではないですよね。

　「いじめのピークは小学校2年生」という見解もあるのですが（例えば、石
井, 2021 (1)；こそだてまっぷ, 2022 (2)）、私たちはその理由の一端を、ここ
までお話してきた大人の介入のない同世代間コミュニケーションの得意・不得
意にあると捉えています。そして、本人と保護者など周囲の大人の対応次第
で、改善するための武器になるのもまた、このコミュニケーションにあると考
えています。

小学校に入ると個人差が可視化され、目立ち始める

　小学校に入るとそれまでの幼稚園や保育園とは、子ども達の扱われ方が変わ
ります。例えば、学校では詳細な学習内容があらかじめ決められており、教師
が主体となって進める学習方法（いわゆる、教科学習）で、学ぶことを強いら
れます。

　そして、明確に成績がつき、周囲との優劣がわかりやすく可視化されます。それは、だんだんと子ども達本人も自覚するようになり、友だちと比較しての優越感や劣等感を感じやすくなります。

　多くの子どもは、このような他者との明確な比較に、初めて晒されます。保護者の皆さんも、お子さまの成績で悩み始める方も出てきます。

　他人と比べて、よい、わるい、という評価軸としての「勉強や運動の得意、不得意」が登場し、それが子ども自身の自己評価にも影響しますし、友だち同士のコミュニケーションの話題にも挙がってきます。

　また、学業成績だけではなく、習い事の量や頻度、持ち物や衣服などでの個人差も、だんだんと目立ちはじめます。

　このようにちょっとずつ生じている、ささいな個人差が、集団生活の中で、小学生にとっては気になること、注意をひかれること、話題になることになっていきます。

　それが肯定的なもので周囲から評価され、自身も嫌ではなかったらよいのですが、いわゆる「いじり」の始発点になり、いじめへと発展することもあるのです。

スマートフォンなど、通信端末を持ちはじめる

　早いご家庭では、小学校低学年からスマートフォンなどの通信端末を持ち始めます。いわゆるキッズ携帯（緊急用の保護者との連絡用の端末）であれば、用途は限られていますが、スマートフォンやタブレットは、インターネットに繋がれば、いろいろなことができてしまいます。前節（Lesson 1）でもふれた、ネットいじめなどにも容易に発展しうる危険性が出てきます。簡単な操作自体は、ご家庭に端末があれば、２歳頃からできてしまうお子さまもいらっしゃいますので、小学生にもなれば、大人顔負けの使い方をする子どももいます。

固定的な友人関係の序列ができてしまう前に

以上、「こころの護心術™」を小学生から始めるべき理由についてお話しました。

「こころの護心術教室™」では、同世代間で生じうるやり取りを、大人と擬似的に練習します（もちろん、教室でのレッスンでは、子ども達同士での練習もあります）。繰り返しくりかえし練習して、頭で考えなくても自然と、適切な反応ができるように練習していきます。本人のキャラクターに合わせて、言いやすいフレーズが自然に出てくるように充分に回数をこなしていきます。

子ども達は、大人の介入がなく、慣れていない同世代間でのコミュニケーション、ある種の無秩序で難しいコミュニケーションに晒されます。加えて、学業成績や持ち物、衣服、など目に見える人との差もわかりやすくなり、スマートフォンなども人によっては使いこなす、ある意味で非常に過酷ともいえる初めての環境で、大人になるための試練のような毎日を過ごしていく子ども達を、私たちはコミュニケーションの練習相手、という立場から応援させていただきます。

「スクールカースト」という学級内で自然発生的に生じる児童・生徒間の序列を表す用語も、近年、注目されるようになりました。固定的な友人関係の序列ができ、苦しみ続ける、悩み続ける、「そんな学校生活をわが子に過ごさせたくない」、と思われる保護者の方は、私たちと一緒にお子さまのコミュニケーションの練習相手になってあげてください。ご家庭でできるレッスンもございます（Chapter 3 以降で、詳しくお話します）。

引用・参考文献

（1）石井志昂（2021）.「いじめのピークは『小2』低年齢化の衝撃の実態—— 10年前は中1だったのがなぜ変化したのか」東洋経済オンライン　https://toyokeizai.net/articles/-/420428（2023年3月24日）

（2）こそだてまっぷ（2022）.「子どものいじめ、小2が最多⁉　保護者の対処は？」https://kosodatemap.gakken.jp/life/relationships/29371/（2023年3月24日）

Lesson 3

いじめの将来的影響

　本書の「はじめに」でもお話しましたが、いじめの被害および加害の体験は将来に対して否定的に作用することが多いです（はじめに　図1）。

　小学生は、心理的な発達段階としては、学校生活を通して仕事や社会で重要となる勤勉性（誠実性）を獲得する時期とされています（概論書としては、長内, 2019 (1)）。ただ勤勉性の獲得に失敗すると、周囲との比較から劣等感を獲得するとされています。いじめの被害的経験は、学校に行くこと自体を後ろ向きにさせ、勤勉性の発達を阻害します。いじめられていたら、勉強どころではないでしょう。将来への影響は甚大です。

　いじめの影響についての研究はさまざまな観点から行われています。いじめを生き抜いた者が、あとからその経験を肯定的に意味づけることがあることは明らかになっていますが（例えば、香取・石隈, 2021 (2)）、だからといって、いじめられた方が良いわけではありません。

　また、一般的には被害の経験が注目されがちですが、加害経験もまた、将来に否定的な影響を及ぼします。当然です。他人を苦しめた経験が肯定的に作用することは、現代社会においてほとんどありません。歳を重ねても、他者に対して加害的に接して、いざこざを起こしたり、嫌われたりするでしょう。極端な場合には、犯罪者になる可能性もあるかもしれません。仮に反省したとしても、その経験から良心の呵責に苛まれて生きていくことになります。

引用・参考文献
(1) 長内優樹（2019）.『公認心理師試験必勝キーワード66』メディカ出版.
(2) 香取早苗・石隈利紀（2021）.「青年・成人を対象としたいじめの影響尺度の改訂といじめ体験の立場の影響」『心理臨床学研究』39(5), 419-430.

Lesson 4

学校教育のいじめ予防にプラスαを

小学校の先生は、充分に子どものことを考えてくれている

　私たちは、「こころの護心術™」をいじめ予防の二次的なもの、学業に例えれば、予備校的なものと考えています。いじめ予防における一次的なもの、メインは、やはり小学校とその先生によってなされものであると思います。いじめの現場となるのは、多くの場合、小学校であるからです。

　そして、小学校や小学校の先生は、日々、多くの子ども達と同時に接しながら、時々刻々と成長する、個人差も大きい児童に、毎日、関わり続けておられます。

　教科内容の教授だけでなく、生活面の指導も必要な小学校の先生は、まさに総合的な人間力が必要とされる職業です。私たちは、小学校の先生方に敬意を持ち、少しでもお力添えをしたく、いじめを始めとした対人関係のトラブルを未然に予防するための「ソーシャル・コミュニケーションスキル™の習い事」として、「こころの護心術教室™」を運営しております。

「思いやりを育む」ことの負の側面 – 相手の気持ちがわかるからこそ、"いじめる" という視点

　いじめの原因については、多くの場合、①対人関係が不得意だったり、②欲求不満に対する耐性が欠けていたり、③思いやりがない、などと論じられます。

　そして、学校教育におけるいじめ予防を道徳という教科のなかで行う場合、③の思いやりを向上させることを目的としている場合が多いように感じます。教科書にもそのようなお話が掲載されているのを散見します（例えば、教育出版, 2019 (1)）。

　ただ、どうなんでしょうか。それだけで良いのでしょうか？

　いじめる側の論理からすると、相手の気を引くためや、ただただ面白がっ

て、相手が嫌がることをしたいのですから、相手の気持ちを理解しようと思い
やることは、むしろ、逆効果なのではないでしょうか。もちろんすべてのいじ
める側の子どもが、このように考えるわけではありません。相手の気持ちを思
いやり、踏みとどまることができるようになる立派な子どもも、いると思いま
す。そういった子どもにとっては有効な教授法でしょう。

私たちは"いじめ予防"に熱心な先生方を、応援しています

　いじめ予防において現状の学校教育では、先程、お話したように、思いやり
を育むことを目的とした情緒面への道徳教育が中心といってよいでしょう。ま
た、②欲求不満に対する耐性についても、併せて教育をされている先生もい
らっしゃるでしょう。「こういう気持ちになったら、どうする？」「こうしよう
か」などと言った、気持ちとその対処への提案がよくなされているように思い
ます。こちらも情緒面への教育といえるでしょう。

　そこで、私たちは、役割分担を考え、①の「対人関係が不得意」について、
ソーシャル・コミュニケーションの練習の場と機会をご提供する立場を取らせ
ていただきます。

道徳教育にプラスα（ソーシャル・コミュニケーションスキル）を

　「いや、いや、私たちもコミュニケーションの練習をやっている」、そう思わ
れた先生方もいらっしゃると思います。失礼いたしました。

　コミュニケーションの練習が、学校教育で行われていることも、もちろん承
知しています。ですが、ここで論じたいのは、これから社会を強く生きていく
ために必要となるソーシャル・コミュニケーションは、一度や二度、教えても
らえばできるものなのか、という点です。「こういうときは、こう言おうね」
と言われても、子ども一人ひとりキャラクターが違えば、持ち合わせている語
彙も違います。

一人ひとりが実際に、自分の言葉とタイミングでそのソーシャル・コミュニケーションを練習する機会を学校教育で作るのは難しいと思います。そして、ソーシャル・コミュニケーションは繰り返しくりかえし、反復練習をしないと自分のものには、なりにくいものです。瞬時に反応できるようにするには、相当の練習時間が必要です。

　ただ、少しでも練習の機会を子ども達に、与えたいと思われる先生方は、本書の第2部がおすすめです。「このシチュエーション、どう反応しようかな」そんな風に、子ども達に考えてもらう機会を提供するという意味では、本書は有効であると思います。詳細や利用方法は、Chapter 4 で、ご説明します。

　ぜひ、子ども達のいじめ予防を目的とした、小学校低学年での道徳教育の一つの教材として、ご活用を検討してくだされば幸いです。

引用・参考文献
（1）教育出版（2019）.「ひきょうだよ」『小学道徳6［令和2年度］―はばたこう明日へ』（文部科学省検定済教科書・小学校道徳科用）, P.80-83.

Chapter 2

日本の子ども達に必要な
いじめ予防のための
「ソーシャル・コミュニケーションスキル™」

落ち込む人と、落ち込まない人

　Chapter 2 では、"いじめ予防"に対する私たちの考え方についてご紹介します。ただ、その前に、皆さんに知っておいていただきたいことがあります。

　「いじめというのはあなたのカン違いですよ」

　これは、Chapter 1 で、ご紹介した「桐生市小学生いじめ自殺事件」で教員が発したとされる言葉です（例えば、栗本, n.d. (1)）。

　この事件の顛末を知っている身からすると、ひどいな、などと思ってしまいますし、そのように考えてしまうのも致し方ないと思ってしまいますが、ここでは、この発言の正否や、この事件について深堀りしたいわけではありません。

　ここでは、私の専門である心理学の立場から、少しだけ私たち人間の認識の仕組み（認知機能）についてお話をさせていただきたいです。

　「いじめというのはあなたのカン違いですよ」、この発言が示す意味を少し丁寧に考えていきます。これは、「あなたのいじめられているという認識は間違っていて、それはあなたの気のせいによるものだ」、と言い換えることができなくもないです。

　いじめとは切り離して、少し抽象度を上げて考えてみます。「他人から何かをされた際に、それをどのように捉えるのかは、あなたの認識の仕方次第」、こういうと、「まあ、そうだよな」、と思っていただけるのではないでしょうか。

　先の例での、教員を擁護したいわけではありませんし、いじめで苦しんでいる人に対して、その認識が間違っている、といいたいわけでもありません。私たちの認知機能の個人差の話をしています。

　同じコミュニケーションを受け取っても、その捉え方には、個人差がありま

す。「あ、あそこにバカがいるぞ、おーい！」と遠くから友だちに声をかけられて、「誰がバカやねん！ お前がなー（笑）」と返せるような子どもにとっては、この声かけは、いじめでもなく、嫌な気分が生じるいじりでさえもなく、じゃれ合いの一貫としての軽度な貶し合い、むしろ、貶されているという認識もなく、挨拶みたいなものと認識してしまう人も少なくないでしょう。

　そうです。私たちは、同じコミュニケーションを受け取っても、一人ひとりその認識の仕方は違うのです。

　ここで"ストレス"を例に考えてみましょう。
　心理学におけるストレスに関する理論は、現代にいたるまでに大きく３つの考え方が支持されてきました（概論書としては、長内, 2019 (2)）。

　最初は、ストレスという用語を初めて人間の精神やそれに伴う身体状態に対して使用したセリエという学者がいました。セリエ自身は内分泌学者なのですが、「外界から受け取った刺激で身体に異変が生じることがある」という理論を提唱します。この外界から受け取った刺激、というのは、自分以外の他人や環境（状況）からの情報を指していて、身体に異変というのは、胃潰瘍などを指しています。もう少しだけ詳しくいうと、許容できない刺激を受け取った際に、胃潰瘍などの身体的な症状がでる、という理論です。

　いじめは当然、ストレスなので、それが身体症状に出ることはあります。

　次に、環境の変化に合わせて、適応しなおすことがストレスである、という理論が登場します。ホームズとレイという学者が提唱者として知られています。ここでいう環境は、地球環境などの環境ではなく、職場が変わったり、恋人と別れたり、といった意味です。この理論では、何も起こってない時を適応状態と考え、環境に変化が起こるとそれに合わせて、慣れるなりをして、再度、適応状態へと自らを導く際の負担こそがストレスだと考えています。そし

て、多くの人がストレスに感じやすい環境変化をリスト化しています（社会的再適応評価尺度、と言います。ご関心のある方は、調べてみてください）。

突然、友だちから無視されるようになったり、クラス替えで気の合わない人たちばかりのクラスになったら、その状況に適応するのはなかなか厳しいです。

さらに、3番目の勢力が登場します。これは認知的ストレス理論とも呼ばれるものですが、現在ではもっとも支持されているものとも言えます。なぜ、支持されているのかというと、現在、多く用いられている「認知行動療法」と呼ばれる心理療法の背景理論の一つとして取り入れられている考え方だからです。ラザルスとフォルクマンという学者が提唱者として知られています。心理療法とは、精神的に不調をきたしている方に、言語的なやり取りを通して、その状態を改善しようとする技法です。認知行動療法のいわゆる"うつ病"への効果は、繰り返し確認されています。話を戻して、認知的ストレス理論が支持されているより本質的な理由を考えると、個人差を説明できる点が評価されていると言えます。

人は同じ情報を受け取っても、その後の状態が同じではない、という事実をまず重視する理論です。例えるのなら、同じ震災に被災しても、落ち込む人もいれば、たいして落ち込まない人もいる、ということです。そして、その差を分けるのは何か、というと認知の個人差、つまり、認識の仕方の違い（情報への意味付けの違い、と言ってもいいです）、と考えます。そして、その認知の仕方の違いがその後の感情も分けると考えます。つまり、同じ情報を受け取っても、それがストレスとなるかどうかは、認知が左右する、という考え方です。先程の例で続きをお話すれば、「思い出の詰まった家が倒壊して悲しい」という認知とそれに伴う感情が生まれる方や、「よし、新しい家に住めるぞ。間取りや家具はどうしようかな、わくわく」という方もいらっしゃるわけです。

ただ、情報に対する認識の仕方を自分で修正するのは、難しいです。だからこそ、精神の不調に対しては、臨床心理士や公認心理師（心理職の国家資格）、

精神科医が、認知行動療法を繰り返し実施するわけです。

　私たちができることは、情報の認識の仕方には一人ひとりクセがあることを理解し、それほど深く落ち込む必要のないことで、落ち込みすぎているのかもしれない、と自覚的になること、でしょう。でも、これができるかどうかは、大きな違いですよね。

　小学生に理解してもらうのは、難しいお話でしたので、保護者の皆さまが心に留めておいていただければと思います。

　たとえ、勘違いであっても辛いものは辛いし、その気持ちは解消されるべきことです。ただし、辛いと思う必要のないことで辛いと思ってしまうのは、もったいない、人生の中に辛く苦しい時間が増えるのはもったいない、という考え方もあると私たちは考えています。

　もう少し例をあげてお話すると「あ、あそこにバカがいるぞ、おーい！」という言動に対して、「自分はバカなんだ、みんな自分のことをバカにしてるんだ、自分はそういう存在なんだ、悲しい」という認知と感情が生じてしまい、どんどん対人関係に奥手になっていってしまうのは、幸福感を下げるので損だ、という考え方もあります。

　また、"気分一致効果"という認知の仕組みがあることもわかっています。私たちは自分の気分に一致する情報に注目しやすいことが知られています。つまり、落ち込んでいる気分のときは、ネガティブな情報に注意が向かい、それを収集してしまいます。例えば、街中を歩いていても、ネガティブな内容な広告の見出しなどが、優先的に目に飛び込んでくるように思えるのです。

　他者からのコミュニケーションをネガティブに捉え、それで、気分が落ち込み、否定的な情報をどんどん収集していってしまう。

抜け出しにくい落ち込みのスパイラルに巻き込まれていってしまいます。

　こういった負のスパイラルに巻き込まれていってしまうのは、どうにか避けたいものです。

引用文献
(1) 栗本顕（n.d.).「いじめによる事件②桐生市小学生いじめ自殺事件」 https://www.direct-commu.com/no-ijime/investigation/case/kiryu-elementary-school/（2023 年 4 月 1 日）
(2) 長内優樹（2019).『公認心理師試験必勝キーワード 66』メディカ出版.

"ただ強い" だけでは、報復されて被害者に

　お子さまが、いじめの被害にあわないために、武術などの護身術を習わせよう、という方もいらっしゃると思います。もちろん、それもありです。すばらしい習い事です。

　ただ、フィジカルが強くても、それが必要となる「いざという時」は、意外と多くはありません。

　身体的な暴力よりも、言葉による暴力のような相手方にその気はなくても、お子さまの受け取り方により 注2 落ち込んでしまうコミュニケーションは何倍も多いものです。

　身体に対する物理的いじめ、暴力に屈しない、抵抗力を持つに越したことはありませんが、言葉のやり取り、コミュニケーションのなかで、自分を傷つけない技術の有用性は高いものです。

　また、身体的、心理的にただただ強ければよい、というものでもありません。

　「やられたら、やり返す。倍返しだ。」そのような気持ちの持ち方は大事ですが、実際に、身体的にでも、言葉でも行動に移していたら、どうなるでしょう。相手も同じような考え方ならば、報復合戦になり、二次被害を生み、双方が身体的、心理的に大きな傷を負うこともありえます。なにより、学業など他の時間を使うべきことに集中できなくなるでしょう。

　ですから、目指すべきは中立です。いじめる側でもなく、いじめられる側でもないコミュニケーションスタイルを身につけていただきたい、というのが私たちが望むゴールです。

注2　lesson 1 でのべたように、情報の認識の仕方は、人それぞれ違います。lesson 1 の説明では、いじめられる側の立場でお話をしていましたが、逆もまた然りで、こちらが何気なく発した言葉で、相手が深く傷つくこともあるのです。受け取り方は相手次第です。

教室のコンセプト「自分を護り、相手も傷つけない」

　こころの護心術教室™のコンセプトは、「自分を護り、相手も傷つけない」ことです。

　前節（lesson 2）でも、お話しましたが、自分を護るためとはいえ相手を傷つけてしまっては、その瞬間は、一時的にはよいかもしれませんが、長期的にみれば、報復にあうかもしれないし、相手がずっとそれを傷として抱えて生きることになるかもしれません。つまり、加害者になってしまいます。
　やっつけてしまうクセがついてしまったら、他人と協力的な関係性をつくることも難しくなるでしょう。

　こころの護心術™は身体的な護身術と同様に、自分を護るための技術であり、先制攻撃は行いません。打撃系の格闘技に例えるのであれば、攻撃にカウンターを合わせるにしても当てる打撃ではなく、距離を測る（もしくは、取る）ための打撃（ジャブなど）であることが望ましいと考えます。

　「いじめられるくらいなら、いじめてやれ」とは、私たちは考えません。
　友だちから言われたことに、難なく反応できること、その反応が相手を傷つけることがないような言葉や態度であることを私たちは目指しています。

　相手が傷つけるような言葉を言ってきても、それを上回る言葉で応戦する、罵倒合戦になるようなコミュニケーションを私たちは適切なものとは考えません。

　どんなに相手が悪意に満ちて攻撃的であっても、かわす、いなす、制止する、笑いに替える、その場を去る、逃げる、そんなコミュニケーションができるように、子ども達が繰り返し練習することをお手伝いします。

「ソーシャル・コミュニケーションスキル™」とは

　子どもの人生は、小学校という社会だけでは終わりません。当然ですが中学校や高校などを含めた学校生活だけでも、終わりません。

　そして、多くの場合、たくさんの他人と関わりながら、生きていきます。たくさんの他人とコミュニケーションを交わす必要が出てきます。

　コミュニケーションが苦手であることは、それだけで、いわゆる「生きづらさ」に直結する、人生を左右する問題となりえるのです。

　そんなことにならないように、「私がこの子を護っていく」と考える保護者の方もいらっしゃると思います。護ってくれる仲の良い友だちや、先生、上司を見つけるように促そう、そう思われる方もいらっしゃると思います。

　ただ、それでは、人間関係に翻弄される人生になる可能性や、護ってくれる人に気をつかい続ける人生になる可能性を孕んでいます。

　もう少し詳しくお話すれば、護られることは、護る側にコストを払わせることになり、対価を要求されたり、護る側の都合次第で自分の状況が一変します。学校では、進級の際に、それまでは護ってくれていた担任の先生が変わってしまい、大変なことになった、などという話はよく聞きます。

　護ってもらい続けるのも、護ってもらえる人を探すのもなかなか厳しいものだと私たちは考えています。護ってくれる対象への従属を強いられたり、その立場を自覚し卑屈になってしまったり、そして最も問題なのは自立する（自衛できるようになる）可能性や、その訓練の機会を奪われてしまう、ということです。

　自分に降り注ぐ苦難に自分で対応することができないことは、人生の自由度を極端にさげるものであるでしょう。

護ってもらえる人がいなくなる恐怖に怯えることもあるでしょう。

　目指すべきは、社会的な関わりの中で、自分で自分を護ることのできるコミュニケーションスキルを身につけることです。

　従来、心理学にはソーシャル・スキル（社会的スキル）という用語があります。そして、その訓練技法は、ソーシャル・スキルズ・トレーニング（以下、SST）と呼ばれています（概論書としては、長内, 2019 (1)）。

　ただし、多くのSSTは、対人関係が極度に苦手で、すでに問題が表面化している方に、最低限のやり取りを訓練するものです。そして、受講しようと思っても、気軽には受講しにくいものです。一般の習い事のように、広く受講者を募っていませんし、自宅での訓練も難しいです。そして、その内容も最低限のもので、いろいろな人と、いろいろなシチュエーションで関わっていかなければいけない "社会的な日常生活" におけるコミュニケーションとしては、不十分と言わざるをえません。SSTは「固定的で限定的な対人関係の中で必要とされる最低限のスキル」を学習していると言えます。

　私たちは、従来のソーシャル・スキルとSSTを、①その概念が想定している社会の範囲と、②社会的実践性、の両面から拡張・深化した、ソーシャル・コミュニケーションスキル™という新たな概念を構成しました。ソーシャル・コミュニケーションスキル™は、「社会的な対人関係の中で、自分を護り、相手を傷つけないコミュニケーションの技術」と定義します。

　社会は変化しています。デジタル化（DX化）が進み「社会的な関わりのあり方」も変化してきています。社会的な活動をしていけば、それは否応なしにオンラインでの活動も含まれていきます。限定的で固定的な人間関係、つまり、自分をよく知っていて、大切にしてくれる人たちだけとの関わりに人間関係を閉じておいては、現代における社会的な活動はできません。

　見ず知らずの人から心無い言葉を投げかけられる、という従来の SST では想定されていないような「知らない人からの一方通行の」コミュニケーションも生じ、その対応のスキルも求められます。

　現在のインターネットや SNS などのように目の前に物理的に存在しない他者へ投げかけるコミュニケーションや、自らの取ったコミュニケーションが記録され、半永久的に残り、それが自らが想定する対象を超えて流布<ruby>流布<rt>るふ</rt></ruby>されることも想定したコミュニケーションもまた、社会的な活動をしていれば必要となることもあります。これからの子ども達の未来では、ますますそうなっていくでしょう。

　コミュニケーションは時代と共に高度化・拡大化しているのです。私たちは、より高度化していくコミュニケーションに対応し、それを楽しみ、社会で成長したい、活躍したいという子ども達の夢をはばむ壁の 1 つである「いじめ」から身を<ruby>護<rt>まも</rt></ruby>るスキルの基盤を築く訓練を、これからの時代を生きる子ども達に提供して参ります。

引用文献
（1）長内優樹（2019). 公認心理師試験必勝キーワード 66　メディカ出版.

Chapter 3

こころの護心術教室™の
オリジナルメソッド
「ソーシャル・コミュニケーションスキル™」

「自分を護り、相手も傷つけない」ソーシャル・コミュニケーションスキル™を育むには？

　子どもに「自分を護り、相手も傷つけない」ソーシャル・コミュニケーションスキル™をプレゼントしてあげることは、一生ものの贈り物になるはずです。

　では、どうすればよいでしょう。保護者の方は、子ども達が同世代で取っているコミュニケーションやその論理を把握、理解するように努めてください。そして、大人のあなたの語彙や立場ではなく、子どもと擬似的に同級生になるような気分になってコミュニケーションをすることを試みてください。イメージとしては、２歳半前後からみられる人形を使ったごっこ遊びです。それにうまく付き合えたお母さん、お父さん方には、うまくできる可能性があります。

　こうしたことが様々な都合で難しいという保護者の方には、以下の２つの方法を私たちはご提案します。

①教室で学ぶ「こころの護心術™」（お子さま向け、少人数のリアル講習会）
　私たちが講師を務める教室に、お子さまをお連れください。この Chapter の Lesson 2 以降で、詳しくご紹介します。

②おうちで学ぶ「こころの護心術™」（保護者の方がオンラインで学ぶ講習会）
　保護者の皆さんが、講師役になって、お子さまの練習相手になってあげてください。Chapter 4 で、詳しくご紹介します。

教室で学ぶ「こころの護心術™」– アセスメント「学校生活適応検査™」（小学生版）

こころの護心術教室™では、お子さまが学校生活における対人関係において、発現している訳ではないが、その時点での意識が、加害的、被害的、中立的であるのか、その傾向を測定するアセスメント（検査）である「学校生活適応検査」（小学生版）を受検していただくことができます。

ここでは、この検査について、ご紹介いたします。

学校生活適応検査の原版は、中学生・高校生向けにオリジナルで作成された僅か4〜5分程度でできるオンラインの検査です。こころの護心術教室™では、その小学生版を開発いたしました。ご希望の方には、受検していただくことができます。

原版の検査は、いじめの認知件数が過去最多を更新中であったコロナ前の時期に、学校生活における対人関係の不適応に対応し、クラスメイトへの他害行為を未然に防ぐことを目的に新たに開発されました。学校の先生が学級運営をもっと適応的に行っていただくために、生徒の対人関係の作り方の傾向を測るアセスメントとしてご利用いただいてきました。

この検査は、対人コミュニケーションや心理的健康に関する（統計的に実証された）心理学的理論や、虚偽・不良回答の検出も考慮した検査設計の理論に基づき開発されています。数十の質問項目に対する反応から、検査時点における加害 – 被害傾向等を判定し、学校いじめによる被害を未然に予防するための生徒指導に寄与する情報を提供するものです。

なお、当検査において、加害側になりうる傾向を持つ子どもは、学校適応上の支援が必要となる子どもと考えています。ただ、加害側と言っても、すでに起きてしまったいじめにおける加害者ではなく、加害者になりうる子どもの傾向を指しています。人は誰しも、時には、置かれた環境や心身の健康状況、個人の持つ特性によって、意図せずとも加害者側になりうる可能性を持っています。加害者傾向のある子どももまた、学校生活における適応上の課題を抱えた子どもと言えるのです。

　ただし、この検査により提供された情報が、懲罰的な指導を行うことの根拠として用いられることはあってはならないことは、注意喚起を徹底しております。なお、小学生・中学生の年齢の子どもの意識傾向は、まだ全て固定している訳ではなく、家庭環境や、学校環境、社会性の獲得等によって、毎年大きく変化して成長していきます。

　開発の経緯と理論的背景については、検査カタログに、①従来のいじめに関する研究、②私学教育における利点、③検査の構成と理論的背景、④検査の前提と測定の対象 – 法律 / 文部科学省の基準への準拠性の観点から掲載しています。ご関心がある方は、販売元である株式会社ネクストエデュケーションシンクにお問い合わせください。

　また、この検査の開発の背景に関する公刊された学術論文としては、Osanai（2020 [1]）や長内（2021 [2]）があります。なお、この検査については、学校現場で使用した実践的に使用した例を日本心理学会において発表するなど、学術的な検証作業を継続的に行っています（長内・斉藤, 2022 [3]）。

当検査のお問い合わせ先

株式会社ネクストエデュケーションシンク Web
https://www.nextet.net （2023 年 8 月現在）

引用文献

（1）Y, OSANAI.（2020）.「Classification of workplace bullying as a type of internal impropriety – Comparison with the structure of bullying in Japanese schools」– The 59th Annual Convention of the Taiwan Psychological Association.

（2）長内優樹（2021）.「企業におけるいじめ加害傾向者を対象としたアセスメントツールの開発に向けた展望──日本の教育心理学における学校のいじめ研究を踏襲して」『法政大学多摩論集』37, 77-84.

（3）長内優樹・斉藤実（2022）.いじめの予防を目的とした中高生約 2,000 名を対象とした学校生活適応検査™の活用事例── 2020 年度～2021 年度の縦断的調査に基づく報告　日本心理学会第 86 回大会抄録, 2PM-081-PP.

教室で学ぶ「こころの護心術™」– 学習内容の概要

　ここからは、来校していただく形式での「こころの護心術教室™」の学習内容について簡単にご紹介します。より詳しい内容および最新の内容は、公式webページ、もしくはwebページ掲載の連絡方法によりお問い合わせください。

授業形式
・計4回のカリキュラムで約1ヶ月完結
・授業は講師2人が担当
・受講者は、各クラス4名限定

教材
・ワークブック（本書の第2部および適宜、必要に応じて追加する資料）を用いて、実践形式の練習時間に比重を置いたカリキュラムで厳選した3つのスキルセットの習得を目指します。
・必要に応じて、ご自宅での練習用に追加のドリルもご用意しています。

　こころの護心術教室™は、小学生を対象に、各回1時間、計4回完結のカリキュラムで自分を護り、相手も傷つけないソーシャル・コミュニケーションスキル™を学びます。教室では2名の講師、4名限定の受講者と共にワークブックを用いて、実践（練習）時間に多くの比重を置いたカリキュラムで厳選した3つのスキルセットの習得を目指します。ご自宅での練習をご希望の方には、ドリルもご用意しております。

　学校などの集団生活でのいじめ（ネットいじめ含む）をしない、されないためのソーシャル・コミュニケーションスキルを学ぶカリキュラムを構成しています。いじめだけでなく、言いたいことが言えない、自分の気持ちを話すのが苦手というお子さまにも適用できるカリキュラムとなっています。

　全4回のレッスンの内容について、もう少しご紹介しておきます。

第1回「断る」

　対人関係において、"断る"を上手に使えたら、苦手なことをお願いされたり、嫌なことをされたりした際に、自分の事を護りつつ、相手との仲が悪くなったりせずにすむでしょう。しかし、なかなか練習する機会がありません。そのため、とっさに断れない子どもは多いです。また、断ることを、「いけないこと」だと捉えている子どもや、断り方のヴァリエーションが少ない子どもも多いです。または、断る必要があるシチュエーションで必要になりやすい、"制止する"、"主張する"も同時に練習します。

　嫌なこと、できないこと、理不尽な要求を上手に断ることは、自分を護る上で、最優先されるソーシャル・コミュニケーションスキル™です。また、上手に断ることができれば、相手の反感を買うことを抑えることができるでしょうし、子ども同士のコミュニケーションには、断られることを前提としているじゃれ合いも実は多いです。そう考えると、人と仲良くするための技（スキルセット）でもあるのです。

第2回「説明する」

　対人関係において、"説明する"を上手に使えたら、自分のことを適切に相手に理解してもらえる可能性が高まります。自分のしたこと、していることの理由を説明することができれば、誤解されて、怒られたり、嫌われたりすることも減りますし、もちろん、誤解されて傷つくことも減ります。自分のしたこと、していることの理由を自分で相手に説明することは、他者に自分のことをわかってもらい、信頼関係を築く上でも重要なソーシャル・コミュニケーションスキル™です。

　自分に非があるときに、ちゃんと謝れることはもちろん大事ですが、なぜそうしてしまったのか、その理由を"説明する"ことは、弁解としての機能を持つ場合もあります。また、それ以上に責められたりせず、自分の認識や行動特性（適切に振る舞えなかった理由）を理解してもらう機会にもなりえます。ありふれた謝罪の言葉をただ述べ、さっさと許されようとするより、誠実だと思われることさえあります。

第3回「提案する、交渉する」

　3回目は、1回目、2回目より高度な技です。回を重ねる度に難しいコミュニケーションの練習をしていくカリキュラムになっています。

　断ることができて、説明することができたら、次は、提案するもしくは交渉することを習得しましょう。断る、説明するは、相手から発せられるコミュニケーションへのお返事としての機能を持ちます。どちらかといえば、受け身の技です。それに対して、提案する、交渉するは、受けた上での自分からの発信です。

　コミュニケーションはキャッチボールに例えられることも多いです。自分から内容のある話を、相手に投げ返すことも、お互いが対等であるためには必要です。言われたことへの反応だけではなく、自分から新たな話題を投げかける、相手の想定にはない展開を相手に働きかける、これも重要なソーシャル・コミュニケーションスキル™です。

　人と仲良くするには、もらってばかりはいられません。ギブアンドテイクが必要です。大人の世界でもそうですよね、考えてみれば、資本主義の根本的な思想にも、ギブアンドテイクが組み込まれていますよね。価値が同じと双方が思えるものを交換しているんです。同じくらいと思えないと、嫌な気持ちになってきますね。コミュニケーションにおいても、同様ですよね。「働きかけてあげたのに、かえってこない」は、嫌ですよね。

　断る、理由を説明する、それだけでは話が終わってしまいます。でも、続けて、「これならできるよ？」「これはどう？」と提案することができれば、コミュニケーションは継続しますし、相手も発信しっぱなし（あげっぱなし）ではなく、受け取る側、もらう側にもなれます。このようにコミュニケーションにおいて、受け手側と攻め手側を上手にスイッチしていくことができるようになるためにも、第3回の内容はとても重要です。

第4回「練習試合」

　いろいろな技を自在に使えたら、今よりももっと上手に自分のこころを護り、相手のこころを傷つけないことができるでしょう。第4回は最終回ですが、新しい技には取り組みません。これまでに練習した3つの技を、さまざまなシチュエーションで使うための練習を行います。練習試合と銘打っていますが、何か競い合ったりしてもらうわけではなく、特定の技で返せばいいわけではない実際の日常に近い状態での実践練習を意味しています。

　いろいろなシチュエーションを矢継ぎ早に提示して、それを断ったり、説明して、提案したりしてもらいます。どれを使ってもよいです。相手が嫌な気持ちになってしまうような場合は、「それは、こう思っちゃう場合もあるよ」と説明し、「他の返し方、してみよう？」と提案しますが、考え込んで答えさせるようなことはしません。かえって言い出しにくくなりますし、練習の回数が減ります。何より実際のコミュニケーションはナマモノです。刻一刻と変化し続けます。不意打ちも多いです。予定されたコミュニケーションなどあまりないものです。また、その場ですぐに反応することが求められますよね。その練習をしていきます。

　今まで練習した技がどれだけ身についているか確認すること、使える技を自分で選べるようになることが第4回の狙いとなります。

保護者の方に気をつけていただきたい、受講後に起こりうる変化

　全4回を通じて、お子さまに変化が生じることがあります。ご家庭で、今までとは違う主張をしたり、違う態度を見せたりするかもしれません。今までは素直に従ってくれていたことを、断ったり、口ごたえしたり、自分の要求を饒舌に語ったり、調子に乗っているようにも思える言動が増えたり、保護者の方に向けた要求をする場合もあるかと思います。

　それらは、教室で学んだことを、復習していること、自分なりに使いこなそうとしていること、と肯定的に受け入れて、対応してあげてください。大人の立場や身体的な優位性を利用して、頭ごなしに否定したり、制止したりしない

でください。子どもにとってソーシャル・コミュニケーションスキル™を身につけ「こころの護心術™」を習得するためのよい自主練習でありトレーニングの機会になりますので、受け止めてあげて欲しいと思います。今までと違ったコミュニケーションが増えることは、成長ですし、何よりもコミュニケーションが増えることは、家庭生活を豊かにします。

直近の開講日程

開講日程は流動的ですので、公式 Web ページからお問い合わせください。

こころの護心術教室™ Web
https://www.cocoro-no.net/　（2023 年 8 月現在）

Lesson 4

「こころの護心術™」の背景理論

　子どもたちの日常生活において、決まりきったフレーズを呪文のように唱えることに、多くの場合、意味はありません。

　また、じゃれあい的なコミュニケーションに、真剣に、真面目な表現で返すメリットもありません。例えば、おちゃらけることができれば、楽しい会話になることもあるのに、「やめてください！」などと、真面目な表現で会話の流れを遮断されても、話しかけた人からしたら、面白くはないでしょう。いじめられているつもりが、意図せずに相手に攻撃をしている場合もありえます。

　①決まったフレーズを唱えればよいわけではない、②真剣にやればよいわけではない、この2点が、私たちが一般に習得しようと努力するモノやコト（勉強、仕事、スポーツなど）との相違点であり、習得することの困難性を上げています。

　自らの特徴や相手との今の関係性やこれまでの関係性、シチュエーションに応じて、適切なコミュニケーションは変化します。

　同じセリフでも言う人、言われる人、その関係性、シチュエーションが違えば、異なる意味や結果になりえます。

　とにかく、コミュニケーションは難しいものです。

　だからこそ、そのようなコミュニケーションの、いわば習い事の教室を私たちは運営しています。

　私たちが「こころの護心術教室™」で、身につけていただきたいと考えている「ソーシャル・コミュニケーションスキル™」の教授理論は、下記の既存の理論を包含し体系化されています。

古典的条件づけ、オペラント条件づけ、生物学的ストレス理論、社会的ストレス理論、認知的ストレス理論、返報性の原理、対人関係における投資理論および衡平理論、社会的学習理論、正統的周辺参加理論、精緻化リハーサル、パーソナリティの特性論と類型論、アクションリサーチ、ソーシャルスキルズトレーニング、アサーション・トレーニング、……。

　ただし、ややこしく、前提知識が必要になるお話は、ここでは避けています。ご理解いただきたい部分だけ、要約してお伝えします。

　コミュニケーションの習得は、言語の習得のようなものです。じっさいに話さないと、話せるようにはなりません。外国語の聞き取りはできるようになっても、話せないのと似ています。悪口の意味はわかっても（聞き取りだけできても）、言い返せない、とも例えられます。練習しないとできるようになりません。アウトプットして、アウトプットして、つまり、練習を繰り返しているうちに、少しずつできるようになっていきます。

　そう考えれば、失敗してもよい関係性で練習できるとよいですよね。だからこそ、私たちの教室や、ご家庭で行った方が、よいと考えます。失敗したり、不適切なコミュニケーションをとってしまっても、トラブルにならず、練習の一環ですし、それを修正する機会になります。

　また、コミュニケーションは、一夜漬けのような訓練で身につくものではありません。繰り返し、繰り返し、身体に染み込ませ、瞬時に自然に出てくるようにしないといけません。コミュニケーションは突発的に発生するものです。事前に誰に、どういったタイミングで、どのようなことを言われるのかは、知りようがないことがほとんどです。

　自然なコミュニケーションのためには、反射的に言葉がでてくる必要性があります。自動車の運転などで、障害物が目の前に現れた際に、「危ない」と知

覚しそれを意識するのと、身体が反応し「ブレーキを踏む」のとでは、後者の方が早いという研究があります。

とっさの対応をもとめられる事態に対しては、身体が先に反応してから、意識が付いてくることがあります。

コミュニケーションのお話に戻すと、突然、すれ違った人に挨拶をされたら、挨拶を返すことは、多くの人は自然にできるでしょう。そこで、「挨拶されたぞ、さて、なんて返すのがいいのだろうか」などといった言葉が意識に上る人は少ないでしょう。

私たちが目指すのも、そういう反射的なコミュニケーションです。

そして、そのコミュニケーションに、「自分を護り、相手を傷つけない」、表現をもとめます。反射的に「チッ」と舌打ちする人や、「あ？」や「はぁ？」と受け取る側の認識によって威嚇ともとれる反応が出てしまう人もいらっしゃいますし、反射的にうつむいて聞こえないふりをされる方もいらっしゃいますが、そういった反応が定着してしまう前に、小学校の低学年のうちに、練習を始めることが良いかと、私たちは考えています。

「護心術」と銘打っていますので、武道や格闘技の言葉でも例えますと、技の型を用いた攻防を実際に相対して行う練習形式を「組み手」と呼んだり、グローブや防具をつけて実戦形式や試合形式、またはそれに近い形の練習をすることを「スパーリング」と呼んだりするのですが、こころの護心術教室™は、コミュニケーションの組み手、コミュニケーションのスパーリングを行う教室、と説明することもできます。

もう少し、格闘技の用語で例えますと、第１回目から第３回目はシチュエーションスパー（状況を限定した組み手）やマススパー（ゆっくり力を抜いた組

み手）、第4回目がスパーリング（実戦的な組み手）であるといえます。

　いずれにせよ、反射的に反応できること、そのために、反復的な訓練が必要であること、はご理解いただけたかと思います。

　私たちは「こころの護心術教室™」で、身につけていただきたいと考えているソーシャル・コミュニケーションスキル™の教授理論を、『円環的実践法 - サーキット・プラクティス・メソッド』と名付けています。

　教室で講師がシチュエーションを提示した上で、働きかけるコミュニケーションに、子ども本人が反応し、それに講師がフィードバックする、これをシチュエーションやできるようになってもらいたい反応を少しずつ変えながら、円環的に循環的に繰り返し続ける、反復的なトレーニング法だからです。

　また、教室での練習に加えて、保護者の皆さんがご協力してくだされば、ご家庭での練習が生じ、相手を変え、教室 - 家庭で円環的に練習が継続するからという意味があります。さらに、教室でのレッスンにとどまらず、教室やご家庭での練習と学校での実践を相互に、円環的、循環的に体験していきますので効果的であると考えているからです（ですから、連続4日間の集中レッスンなどは、現状では想定しておりません）。

Chapter 4

子どものために、保護者ができること

子どものいじめに対する保護者の不安

　子どもがいじめの被害者になるいたましい事件が、報道されることがあります。あまり見聞きしたくない、という保護者の方も多いと思います。また、報道されない、公にならない事件も日々起こり続けています。事件とまではいかない、小さないざこざや、相手には悪気がないけれど一方的に傷ついてしまうような対人関係における出来事は、今この瞬間も起こっていることでしょう。

　皆さんのお子さまも、日々、対人関係でさまざまな感情を経験しているかと思います。嬉しいことも、悲しいことも、悔しいことも、すべて生きていく糧になる貴重な経験にしていってもらえればいいのですが、深く傷つき、将来に否定的な影響を及ぼす経験や経験の意味づけは、できる限り避けてもらいたい、そう思われるのは、子どものことを考えればこそ、自然なことだと思います。

　既に Chapter 1 でお話しましたが、皆さんが子どもだった時とは、子どもをとりまく環境が違います。インターネットがあり、スマートフォンなどの通信端末を所有している子も多いです。いじめの多様性は、高まっています。

　保護者が想定していないような、いじめの被害に、お子さまがあわれているかもしれません。

　また、私たちは物事について因果推論をする認知的なクセがあることが知られていますが（心理学では、原因帰属と呼びます）、いじめの原因はなんだろうと考えはじめると、いくつか思いつく方もいらっしゃるかと思いますが、「いじめられる側に原因などない」、「どんな原因があろうとも、いじめられていい訳ではない」という倫理的な論理が頭に浮かんでくる方も多いと思います。
　私たちは、いじめは「いじめる側が 100% 悪い」という論理には同意しますが、いじめる側がランダム（無作為）にいじめる側を選んでいるかといえば、そうではない、という事実もまた重く受け止めています。それと、同時に原因にあたることがあったとしても、それをひとつ一つ取り除いていくことは、ナンセンスだと思っています。クラス替えなどで、人間関係が変われば、また違

う原因が見つかるかもしれませんし、絶対的で普遍的な原因はなかなかありません。

　子どもが「いじめられるかもしれない」、「いじめられているのかもしれない」なんてことを考えていると、いろいろと不安になってきます。対人関係で、強く出られる子、強い側の子には、「少しは遠慮してもらいたい」、と思われることもあるかと思いますが、それを実際に実現することはなかなか難しい面もあります。

　こんなことを考えていると、どんどん不安になってきます。

　特に自分もあまり学校生活が楽しくなかったという保護者の方は、お子さまの学校生活について、日々、落ち着かない思いを抱いていらっしゃる方も多いのではないでしょうか。
　では、保護者は、おうちで何ができるのでしょうか。

小学生の保護者にできること – ホームエデュケーションの有効性

話を聞いてあげる姿勢を示し続けること

「何か嫌なことがあったら言ってね、相談してね」と日々、お子さまに働きかけていれば、話してくれて、大人が対応することもできるかもしれません。しかし、小学校も高学年に差し掛かってくると、自分がいじめられていることなど、親に知られたくない、と思うようになる子もいらっしゃいますし、子どもとゆっくりとお話をする時間を家庭でつくれるかというと、なかなか難しい方も多いと思います。また、幸いにも子どもが話してくれて、それに大人が対応して有効なのは小学校低学年までПでしょう。傷害事件などは別ですが、大人の介入がむしろよりいじめられる原因になったり、本人に恥ずかしい思いをさせたり、自らが無力であることを自覚させる機会になってしまいます。

寄り添うことは大前提。しかし、……

子どもの気持ちに寄り添うという言い方をよく聞きますが、それは前提として大事ですが、仮にいじめられていたとして、一緒に落ち込んでいても仕方ありません。悲しんでも、逆に、怒り出しても、それ以上は、話しにくくなってしまうかもしれません。ただ、寄り添いもせず、いじめられていることだけ否定するなんてことは、子どもにとっては救いがなさすぎるので、やめてあげてください。

子どもの皆さん、もしかして、こっそり読んでいますか？

もし、小学校高学年のお子さま自身が、このページを読んでいて、「うちの親は僕が（私が）こんなに苦しんでいるのに、何もしてくれない」などと思うようでしたら、この本の最後の方のページに子どもだけでも相談ができる場所の連絡先もあります。「親には言わないで」と伝えれば、護ってくれる場所もありますので、連絡してみてください。

さて、話を戻します。では、保護者にできることとは、何なのでしょうか？

できることは、自立支援

　結論から申し上げますと、自分でどうにかできるようにしてあげること、そのお手伝いをすることが保護者の皆さんにできることであり、するべきことだと私たちは考えます。

　お手伝いをすること、というのは、こころの護心術™の練習相手になってあげたり、「家庭にはないが、子ども達同士にはあるコミュニケーション」を教えてあげたりすることです。

　モノをとられたり、バカにされるようなことを言われたり、突然どつかれたりすることは、兄弟姉妹がいない限り、家庭内では基本的には、起こりにくいです。椅子を引かれて腰から地面に落ちる（後ろ向きに転ぶ）などということも、家庭ではないです。ちなみにこれは大変危険な行為です。場合によっては、障害が残るケガをしかねません。でも、友だち同士ではありえます。

　どう教えてあげるのか、お子さまや、保護者の皆さまのパーソナリティ（性格傾向）や、生活環境にもよりますので、個別具体的なことは、保護者向けの個別相談も受け付けておりますので、「こころの護心術教室™」の公式 Web ページからお問い合わせいただければと思います。ただ、一般的な例を挙げますと、恋愛の話、いわゆる恋バナをするようなノリが、比較的簡単です。「○○くん（ちゃん）が、好きって言ってきたら、どうする？」のようなトーンです。これは、実はシチュエーション練習になっています。実際には起こっていないが、未来に起こりうるシチュエーションを予習的に練習する機会ですよね。このようなトーンで、友だちに「バーカ」って言われたら、どうする？（どうしてる？）、という会話をして、無意図に練習相手になってあげましょう。例えば、食事中にお子さまが好きな食べ物を「もーらいっ！」と取り上げる仕草を取ってみるなどもわりと簡単にできるシチュエーション練習です。その際には、ちゃんと「ごめん、ごめん、冗談！　でもさ、学校ではこういうことない？　どうしてるのかと思ってさ」などと話題にしてしまうと、練習の機

会にもなりますし、普段の友だちとの様子も把握できる流れになることもあります。子ども達同士でよく起こりうる、いじめに発展しそうな、もしくは、うまく返せないとこころが傷つきそうなシチュエーションについては、本書第2部のワークにまとめてあります。ワークの使用方法については、続くlesson3でご説明します。

　何を言ってるんだ、私はそんなことが子どもにできないから困っているんだ、という声も聞こえてきますし、うちの子が自分で自分を護るなんてムリ、という声も聞こえてきます。個別具体的な条件を伺えば、本当に様々な原因でどうしても対応が困難ということもあります。ただ、そうではない、多くの場合は、誰かに救ってもらうまで、待っているのですか？　あなたが子どもを護り続けますか？　子どもが傷つかないように、できる限り社会には触れさせずに、危険な目にはあわせずに、ご家庭に閉じ込めておくのでしょうか。

　それでも、多くの場合、あなたの方が先にこの世を去ることになります。その後、お子さまはどうなるのでしょうか。

　自分でどうにかできるに越したことはない、自分で自分を護れるようになるに越したことはないでしょう。それは、自分で歩けるようになったり、ご飯を食べられるようになったり、トイレで用を足すことができるようになったりと同様に、子どもに喜びをもたらす経験です。

　一方、こころの護心術™に限らず、ホームレッスン、ホームエデュケーションと呼ばれる家庭内教育の有効性が話題にあがるようになってきました。極端な例では、いわゆる教科学習でさえ、学校にあまり行かせず、家庭で教えることの有効性を主張する者もいます。

　たしかに、子どものことを一番よく知っているのは、生まれたときから一緒に時を重ねてきた保護者です。具体的な教えるテクニックや内容は、その道の

プロである外部の人材やサービスを活用した方がよいですが、予習や復習、それに向かう気持ちづくりなどで家庭が果たす影響は大きいです。

　"護心術"ですので、また格闘技で例えると、セコンドやトレーナーを子どもの時から家族が務めている選手の活躍が散見されます。これは、子どもが「やりたくない」と言った際に、本当にもうその習い事をしたくないのか、たまたまその日、別にやりたいことがあって、「やりたくない」「いきたくない」と言っているのかが、いつも一緒にいる家族ならわかるから、という点と、練習でどこまで追い込んで大丈夫なのかなど、愛情を持って接してくれている家族ならわかるから、という解釈があります。親の夢を子どもに押しつけて、寝ても覚めても練習させているのなら、また話は変わってきますが、そうではないのなら、家庭での練習は有効であると言えるでしょう。

　こころの護心術™も、教室でのレッスンにお越しいただいても、家庭での復習はしていただきたいので皆さまのご協力を仰ぎますし、本書の第２部を使用して皆さまが講師役となって、ご家庭でレッスンしていただくのもおすすめします。次節（Lesson 3）で、その方法をお話します。
　なお、今後オンラインでの自宅で学べる保護者向け講習会も予定しております。

Lesson 3

おうちで学ぶ「こころの護心術™」

　「こころの護心術教室™」では、保護者の皆さんに、①教室でレッスンを受講していただいても、ご家庭で復習を兼ねての練習相手になっていただくことをオススメしておりますし、教室でのレッスンを受講していただけなくても、②保護者の皆さんが講師役になって、お子さまにレッスンをしていただくことも推奨しています（なお、教え方を学習するオンラインでの保護者向けの講習会も今後予定しております）。

　保護者以外にも、学校の先生に学級で使用していただくことも推奨しております。

　対象年齢は既に、前章までにお話しましたが、小学校低学年から始めるのが望ましいかと存じます。歳を重ねる度に、コミュニケーションのクセは、修正しにくくなりますし、対人関係のあり方も形成されていき、それがパーソナリティ（性格傾向）化していき、固定化していきます。新しいコミュニケーションは、取り入れにくくなるからです。

　まず、第２部の構成についてお話します。Chapter 5 〜 8 の大きく４つのパートから構成されています。Chapter 5 は、教室のレッスンでは毎回、準備運動として使います。Chapter 6 〜 8 は、教室のレッスンでは、第１回〜３回の各回で、使用します。

　第２部のより具体的な使用方法について、次節（Lesson 4）でお話します。

第2部（ワークブック）の活用方法

　ワークブック（本書第2部）の活用方法について、前節（Lesson 3）に引き続きお話します。

①Chapter5〜8、それぞれに4つのシチュエーション（計16種類）のイラストをご用意しています。基本的な使い方は、子どもに「ねぇ、ねぇ、ちょっと、来て（見て）」と気軽に声をかけて、特定のイラストページを開いて、教示文（シチュエーションを説明する文）を読み上げ、「こんな時、どうする？　なんて言う？」と問いかけて、反応を無言で待ってあげてください。すぐに反応がなくても10秒間だけは待ってあげてください。

②不適切でもいいので、とにかく何か反応してくれれば、オーケーです。「お、いいじゃん」、「なるほど」、「えー、そんな言い方ー？」などと喜んだり、驚いたりしてあげましょう。そして、「こういう言い方もあるんだって」、と1ページめくって、右ページにかかれている例を紹介してあげましょう。そうすれば、「そんなの言えないよー」、「あー、これいいじゃん」、などと盛り上がる会話の話題になります。そこで、「それで、もう一回やってみよう」と提案し、1ページ戻って、先程、提示したイラストを見せ、①と同様に「こんな時は、どうする？　なんて言う？」と問いかけましょう。もちろん、「いいね！」などと肯定的な声がけをしてあげてください。楽しみましょう。

③ここまでで、終わりにしてよいです。「面白かったね！　また、やろう！」などと言って、ぱっと切り替えて、日常生活に戻ってください。

④一度にたくさん練習するのは、オススメしませんし、身につきません。Chapter 5から、順に始めます。毎日、1シチュエーション（1レッスン）、10日間くらいかけて、Chapter 5のLesson 1〜4を2周させてください。コツは一日に複数のシチュエーション（Lesson）を実施しないことです。盛り上がっていても2シチュエーションにしていただきたいです。その分、お子さまの反応後のフィードバックのやりとりに時間をかけてあげてくださ

い。それでも、お子さまの意欲が高いままであれば、「お母さん（お父さん）にやってみて？」などと、立場を逆転させて、行ってみてください。盛り上がりますし、視点の転換は子どもにとっても勉強になります。

反応が出ない場合

　①の後、もしも、「わかんない」と言われてしまったら、「うーん、そっかー」、「オーケー、また今度やろう！」、「じゃあ、こっちは？」と違うシチュエーションに進むのが、おすすめです。

　なぜかというと、わからないからと言ってすぐに答えを与えてしまうと、そのセリフを覚えてしまうからです。覚えたセリフを言えばいいわけではない、ということは前章までにお話しましたよね。

　なので、別のシチュエーションに、移ってしまうのが、オススメです。シチュエーションが異なれば、反応できる場合もあるからです。ひとまず、②以降に進んでください。

「類似のシチュエーション」の使い方

　シチュエーションによっては、イラストイメージの裏の解説ページに類似のシチュエーションが並んでいます。こちらは、同じイラストでの練習の２周目以降に、「じゃあ、例えば、こういうのは？　○○○○○○○！」と口頭で読み上げる形で、投げかけてみてください。それにたいしても、②と同様にフィードバックしてあげてください。こちらも、一日に複数シチュエーションを実施するのは、避けてあげてください。

練習が盛り上がっている場合

　練習が盛り上がっていて、子どもが楽しそうな場合は、②の後に、明るく軽いノリで「ねぇ、ねぇ、こういうことって、実際にあるの？」と投げかけて聞いてみてあげてください。お友だち同士の様子も把握できますし、お子さまが自分のコミュニケーションのあり方を自分で振り返る機会にもなります。このようなコミュニケーションについて、考えるためのコミュニケーションをする

時間も大切にしていきましょう。

応用的な活用方法 / 実践事例

　「こころの護心術教室™」の公式 Web ページでは、今後、本書のワークブック部分の応用的な活用方法や実践事例をご紹介していくことを企画しています。ぜひチェックしてみてください。

追加教材：講師がシチュエーションを投げかける 1 分動画

　また、こころの護心術教室™の公式 Web ページには、教室の講師がシチュエーションを 1 つ提示し、反応を投げかけるショート動画へのリンクを掲載しています。

　保護者の方のスマートフォンや PC などでアクセスしていただき、ご一緒に御覧ください。そして、画面に映っている講師に向けて、反応してみてください。最初は、面食らってしまうと思いますので、動画を止めて「えー、何て言う？」、と反応を引き出してあげてください。

　動画は随時、追加されます。ワークブックでの練習に、瞬時に反応できるようになったお子さまには、ぜひこちらもご活用ください。

こころの護心術教室™ Web
https://www.cocoro-no.net/　　（2023 年 8 月現在）

認定トレーナー制度のご説明

　「こころの護心術教室™」では、現在、お母様向けの２つの認定資格の創設に向け、準備を進めております。お母様が講師となり「こころの護心術™」を、お子さまに実施していただくための資格です。ご自身のお子さまに向けた子育てのスキルやご経験が、キャリアとなり、他のお子さまにも「こころの護心術™」をお伝えいただく、社会貢献性も備えた資格です。父親の育児参加も進んでいる昨今ではありますが、出産・育児に伴うキャリアのいわば中断や、子育て中や子育てを経験された女性の社会的活躍を促進する観点から、2023 年 8 月現在はお母様向けの認定資格を想定しております。

インストラクター

　ご家庭でご自身のお子さまに向けて「こころの護心術™」を実施することのできるプライベートなインストラクターの認定資格です。

マスター

　「こころの護心術™」を充分にマスターし、ご親族以外のお子さま向けにサテライト教室を開校できる認定資格です。

この情報は、予告なく変更することがございます。予めご了承ください。

　最新情報は、こころの護心術教室™公式 web サイトをご覧ください。

Chapter 5

護心術1

基本 – 反応する

Lesson 1

『 いきなりモノをとられた 』

これ、いいね！ちょーだい！
と、消（け）しゴムを取（と）られた

つぎへ

お子さまは、何か反応できましたか？

何かしらの反応ができることが、自分を守り、相手も傷つけないコミュニケーション、の第一歩です。

何も言うことができなかったという場合は、時間を空けて繰り返しお子さまに、お見せしてみるのもよいと思います。

また、ママ（パパ）なら、「どう言うかなー？」などと一緒に考えてみるのも、親子の情緒的な交流の機会となりますので、よいと思います。

たとえば、右記のような、反応の仕方がありますね。

お子さまのキャラクターに合った、言いやすい、咄嗟に出てきやすい言い方が見つかるのが望ましいです。

消しゴムに限らず、いきなりモノを取られることは、子ども同士のコミュニケーションでは生じることです。家庭内では、あまり生じないシチュエーションですので、びっくりしないよう練習させてあげてください。

たとえば...

おーいっ！

何^{なに}すんのー？

えっ、やめてって！

〇〇君^{くん}（さん）が取^とったー！！

やめろよ！

ちょっと！ せんせー！！

Lesson 2

「カラダへのちょっかい」

服を引っ張られた

つぎへ

お子さまは、何か反応できましたか？

何かしらの反応ができることが、自分を守り、相手も傷つけないコミュニケーション、の第一歩です。

このシチュエーションは、男の子同士ではよくありますし、女の子の服を引っ張る男の子もいますよね。いわゆる「スカートめくり」なども、これに似たシチュエーションです。

相手に攻撃をしたいというわけではなく、気を引くためにしている、声をかけたのに聞こえていないようだからする、ということもあります。

たとえば、右記のような、反応の仕方がありますね。

お子さまのキャラクターに合った、言いやすい、咄嗟に出てきやすい言い方が見つかるのが望ましいです。

☞ 類似したシチュエーション

- 髪の毛を引っ張られる
- 朝礼などで後ろの人からツンツンされる
- 後ろから膝カックン
- 座ろうとした際に、イスを引かれる（とても危険です）

たとえば...

おいっ！／ちょっとー！

何^{なに}すんのー？／なにー？

やめてってー！

どうしたのー？

はなせって！／はなしてよー！

服^{ふく}、のびちゃうからー！

「モノを使ったちょっかい」

消しゴムのカスを
投げつけられた

つぎへ

お子さまは、何か反応できましたか？

何かしらの反応ができることが、自分を守り、相手も傷つけないコミュニケーション、の第一歩です。

消しゴムのカスに限らず、シャープペンシルの折れた芯、鉛筆のキャップなどを投げつけたり、汚いモノを「ターッチ」とくっつけるのは、よくあることです。

ご家庭では、こんなコミュニケーション、兄弟姉妹がいない限りないですよね。

悪気がそれほどあるわけではなく、気を引きたいだけ、コミュニケーションを開始するきっかけを作りたいだけの場合も多いです。

何も言うことができなかったという場合は、時間を空けて繰り返しお子さまに、お見せしてみるのもよいと思います。

たとえば、右記のような、反応の仕方がありますね。

たとえば…

えっ、何^{なに}？

何^{なに}すんのー？

えっ、やめてって！

ちょっと！ せんせー！！

なんか用^{よう}？

ゴミ箱^{ばこ}に捨^すててよー！

汚^{きたな}いよー！

「 約束をやぶられた 」

一緒に帰る約束をしていた
友だちが、別の友だちと
先に帰ろうとしている

つぎへ

お子さまは、何か反応できましたか？

これはちょっと難易度が高いですね。必ずしも悪気があるわけではなく、ただただ気軽に約束して、うっかり忘れている、ということも子どもの場合は多いです。

でも、何かしらの反応ができることが、自分を守り、相手も傷つけないコミュニケーション、の第一歩です。

また、ママ（パパ）なら、「どう言うかなー？」などと一緒に考えてみるのも、よいと思います。

たとえば、右記のような、反応の仕方がありますね。

☞ **類似したシチュエーション**

- 友だちがくれると言っていたモノをくれなかった
- 友だちが貸したモノを返してくれない
- ゲームを順番にする約束をしていたのに、順番を飛ばされた
- 誰にも言わないって言ったのに、好きな人をバラされた
- LINE グループに入れてくれる、と言ってたのに入れてくれない
- LINE で友だちになってくれる、と言ってたのになってくれない

たとえば...

私も帰るー！

おれも帰るよー！

約束したじゃーん！ 一緒に帰ろー！

えっ、ちょっと待ってー！

おいてかないでー！

うまく断るスキルの重要性

　さて、こころの護心術教室™の基本「反応する」はいかがでしたでしょうか?　とにかく何らかの反応ができることが、重要であると私たちは考えています。

　反応ができないということは、いわゆる「やられっぱなし」の状態になってしまうというのもありますが、コミュニケーションの発信側の論理としては、無視された、ということになります。「無視されているから、やめよ」などと思うのは、いろいろ弁えた大人の論理であって、多くの場合は、「なんで無視されるんだ」と二の手、三の手と、反応するまでちょっかいを出され続けることになります。最初の軽い「いたずら」で反応していれば、仲良くふざけあえたのかもしれないのに、反応できず、事実上の無視をしたことにより、相手に嫌な気分をさせてしまう、捉え方によっては、加害行為をしてしまっている状態になってしまうこともあります。そんなつもりは、ないのに……。

　大人の皆さんの中には、忘れてしまっている方もいらっしゃるかと思うのですが、無駄なコミュニケーションなしに人と人は仲良くなれません。子ども達同士に無駄なコミュニケーションをさせてあげてください。

　さて、次ページからの護心術2は、「断る/制止する/主張する」スキルです。うまく断る技を身につけておくことは、一生モノの財産になります。もっと大人になってから、例えば、恋愛などをしていく際に、断りたいお誘いを受けることもあるわけです。そんな際に、うまく断れずに相手に期待をさせてしまったり、無下に断り相手を逆上させてしまったりして、ストーカー化させてしまい、被害にあう、そんなこともありえるわけです。断る技、重要です。お子さまの練習相手になってあげてください。

第**2**部

親子で学ぶ「こころの護心術™」

Chapter 6

護心術**2**

断る / 制止する / 主張する

断らないと自分が困る

1個しか持ってないのに、「消しゴム貸して」

つぎへ

お子さまは、何か反応できましたか？

何かしらの反応ができることが、自分を守り、相手も傷つけないコミュニケーション、の第一歩です。

自分が困ってでも、相手を助けることは、優しさとも評価できますが、そんな状況が続くのは、本人にとってよくないですよね。

何も言うことができなかったという場合は、時間を空けて繰り返しお子さまに、お見せしてみるのもよいと思います。

たとえば、右記のような、反応の仕方がありますね。

👉 類似したシチュエーション

- （授業直前に）教科書、貸して！
- （体育で）その靴、速く走れそう！ 貸して！！
- （学校や習い事で、払わなければいけないお金を）それ、ちょーだい！
- （調理実習で担当した食べ物を持っていったら、別の班でそれを忘れた友だちから）私、忘れちゃったの。みんな困るの。だから、それ、ちょーだい！ 私たち、友だちでしょ？
- スマホ置いてって！ YouTube 見たいから！📱
- ギガなくなっちゃった！ お前のスマホ貸して！📱

たとえば...

ごめん！ ムリ。

ごめんなさい！ 自分のしか持ってない。

えーっ、おれ消せなくなるじゃん！

先生に借りよ！ せんせー！

えっ、誰か2個、持ってないかな。
だれかー！

Lesson 2

「マネをされていやだ」

絵を描く授業で真似をされる

つぎへ

お子さまは、何か反応できましたか？

何かしらの反応ができることが、自分を守り、相手も傷つけないコミュニケーション、の第一歩です。

これは気のいいお子さまは、別に嫌だとも思わない場合もありますが、自分が評価されるべき機会を逃すことになりますし、常習的にマネされ続ける側になると、相手の子分のような上下関係が形成されるきっかけになってしまいます。

「優れているのに、下に扱われる」というのは、子どもにとっては、大きな心の葛藤ともなりえます。慕われているのか、いいように使われているかも判断がつきません。なんとなく、学校に行きたくなくなる、そういうきっかけになりえます。

ぜひ、練習相手になってあげてください。

☞ **類似したシチュエーション**

- 宿題うつさせて！
- （テスト中に小声で）答え教えて！　わかるでしょ？
- 作文みせて！
- 自由研究、何するの？　教えて。
- （タブレットなどの端末やアプリの）ID と PW 教えて！📱

たとえば...

（2度目以降）この間もだったじゃーん。

やだよー。マネすんなよー！

一生懸命やってるの！

自分で考えなよー！

写したって意味ないじゃーん！

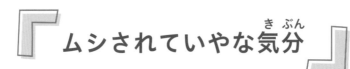

「ムシされていやな気分」

あいさつを無視された

つぎへ

お子さまは、何か反応できましたか？

何かしらの反応ができることが、自分を守り、相手も傷つけないコミュニケーション、の第一歩です。

これは結構、難しいですし、難しく考えがちでもあるのですが、実は聞こえていないことも少なくないです。他の人との会話をしようとしているタイミングだったり、他の何かに気を取られていたり、声が小さかったり、身体の向きが相手を向いていなかったり、ちょっとしたことです。

ただ、一度、挨拶を無視されると、その後、もう1回、挨拶をしようとするのが、気持ち的にしんどくなる、という感覚を持つ方が多いのが、事実です。ですから、右記のように、すぐに反応できるように練習しておくのが、オススメです。

☞ 類似したシチュエーション

- 授業中に挙手をしたのに、先生に気がついてもらえない
- お店で店員さんに声をかけたのに、気がついてもらえない
- LINEなどのメッセージアプリで、返信がこない📱
- 授業中に意見を言ったのに、先生に聞こえていない

たとえば...

（もう1回）おはよー！

えっ、ちょっとー！

ねぇ、ねぇ、聞こえたー？

ムシ、すんなってー！

ムシしないでよー！

聞こえてるでしょー？

おーい！ もしもーし！

Lesson 4

「自分だけ負担が重い」

掃除の時間に班のメンバーが
手伝ってくれない

つぎへ

お子さまは、何か反応できましたか？

何かしらの反応ができることが、自分を守り、相手も傷つけないコミュニケーション、の第一歩です。

このシチュエーションは、一人もくもくと掃除に取り組むのも、それが本人にとって苦痛ではなく、その姿を見つけてくれる担任の先生がいれば、それはそれでいいのかもしれません。

ただし、一人で何かを無理やりやらされる、ということでしたら、大問題です。

反射的に反応ができることが、望ましいです。なぜなら、しばらくその状況に甘んじてしまえば、だんだんと主張することに緊張してきてしまうからです。

☞類似したシチュエーション

● 黒板を消す係は2人いるのに、もう1人がよくそれを忘れている
● 休み時間に使ったボールの片付けを押し付けられる
● 放課後にいつも自分のタブレットで動画を見ていて、ギガ（通信容量）がなくなる📱

たとえば...

みんなー、やろー！

ちょっとー、1人、しんどい！

誰かー、手伝ってー！

今日だけだからねー！

次はやってよー！

私（おれ）しかやってないじゃーん！

コミュニケーションの頻度と
ヴァリエーション

　護心術２「断る／制止する／主張する」は、いかがでしたでしょうか。護心術１「反応する」よりも難しくなってきましたね。ただ、よりいじめに発展しうるコミュニケーションである度合いが高くなってきた、と感じていただけたかと思います。

　保護者の皆さんが、子ども同士のコミュニケーションについて、このように想像すること、そのものが、子どもを思いやることの一部になります。そして、普段の関わりや、このワークブックを使っての練習は、子どもからしたら、親が自分のことを考えてくれている、わかってくれているという安心感に繋がります。コミュニケーションの習得には、反復練習が必要です。ぜひ、練習相手になってあげてください。

　さて、次章（Chapter 7）は、「説明する」です。徐々に難しくなっていきます。これは内容的には、「弁解する」も含みます。誤解をされている場合に、それを解く、自分の正当性を訴える、そんな技です。大人になってからも、大事な技です。あらぬ罪を着せられることもあります。ネット社会になって、そのリスクはどんどん高まっています。

　この技も、家庭によっては練習の機会がありません。子どものことをよく考えてあげて、要求に先回りして、対応してあげている家庭においては、説明や弁解が必要ありません。また、充分にしてあげているという自負から、子どもの主張を正面から受け止めることもなおざりにしがちです。

　「説明する」に限らず、いわゆる過保護気味な家庭も、反対にネグレクト気味（育児放棄）な家庭も、コミュニケーションの頻度とヴァリエーション（と、その練習の機会）が少ないです。断ったり、交渉したりする必要がない、もしくは、してもその結果が望めないからです。

Chapter 7

護心術 3

説明する

「 そうなったワケを説明したい 」

通学班の集合時間に遅刻し、
「遅い」と言われた

つぎへ

お子さまは、何か反応できましたか？

大事なことなので、同じようなことを何度も言わせてください。

何かしらの反応ができることが、自分を守り、相手も傷つけないコミュニケーション、の第一歩です。

何も言うことができなかったという場合は、時間を空けて繰り返しお子さまに、お見せしてみるのもよいと思います。

これは、説明すると同時に、謝るべきシチュエーションで、きちんと謝る練習でもあります。

たとえば、右記のような、反応の仕方がありますね。

これがきっかけで集団登校や、集団登校ではない日であっても言ってきた子どもとの遭遇が嫌で、不登校状態へ陥る子どもは少なくないです。上級生から言われれば、単純に怖いです。

たとえば...

ごめんなさい！

ごめんなさい、遅（おく）れました。

すみません、階段（かいだん）（エレベーター）が混（こ）んでて。

ごめんなさい、親（おや）に呼（よ）び止（と）められて。

忘（わす）れ物（もの）に気（き）づいて、支度（したく）が遅（おく）れました。
ごめんなさい。

Lesson 2

「誤解をされて怒られた」

自分がふざけていたわけではないのに、先生に怒られた

つぎへ

お子さまは、何か反応できましたか？

何も言うことができなかったという場合は、時間を空けて繰り返しお子さまに、お見せしてみるのもよいと思います。

また、ママ（パパ）なら、「どう言うかなー？」などと一緒に考えてみるのも、親子の情緒的な交流の機会となりますので、よいと思います。

誤解であっても「言い訳がいけないこと」とは、子どもに思って欲しくないです。嘘はいけませんが、正当な理由であるのか、言い訳であるのか、は当事者間の認知的な能力や身体的な制約に依存していて、その判断は意外と難しいものです。自らの正当性を、主張できるに越したことはありません。

たとえば、右記のような、反応の仕方がありますね。

☞類似したシチュエーション

- 自分のではないモノを先生から手渡された
- 先生から名前を間違えられている
- 授業で使うタブレットが、違う人の ID でログインされている

たとえば...

先生、僕じゃないです。

あの、私ではありません。

先生、すみません。
ちょっと聞いてください。

ちょっと待ってください。
違うんです。

いいえ、別の人なんです。

「 友だちとの約束を守れなかった 」

返す予定だったノートを忘れた

つぎへ

お子さまは、何か反応できましたか？

何かしらの反応ができることが、自分を守り、相手も傷つけないコミュニケーション、の第一歩です。

これは何か反応して欲しいですね。友人関係で信頼を築くには、このような自分に非がある際のコミュニケーションが大切です。

たとえば、右記のような、反応の仕方がありますね。

お子さまのキャラクターに合った、言いやすい、咄嗟に出てきやすい言い方が見つかるのが望ましいです。

☞ 類似したシチュエーション

- （遊ぶ待ち合わせをしていたのに、すっかり忘れていかなかった）次、会う時、どうする？
- 班で分担して材料を持ち合う工作の授業、自分が担当していたモノを忘れた
- 生き物係をしていて、今日の餌は自分が持ってこなくてはいけなかったが、忘れた

たとえば...

本当にごめん！
明日、必ず持ってくる！

ごめんなさい！ 今からとってくる。

ごめん。明日じゃだめ？

ごめんなさい。もう1日、
貸しといて？

ごめん、今日だったか！ 忘れてた。

「 先生との約束を守れなかった 」

宿題をしてくるのを忘れた

つぎへ

お子さまは、何か反応できましたか？

これは誰にでも起こりうるシチュエーションです。勉強が苦手な子どもは、これを機に勉強が嫌いにならないように、勉強が得意な子どもは、こうした失敗を重大な過ちと捉え思わぬつまずきにならないように、反射的にあっけらかんと反応して、事なきを得たいところです。

何も言うことができなかったという場合は、時間を空けて繰り返しお子さまに、お見せしてみるのもよいと思います。

また、ママ（パパ）なら、「どう言うかなー？」などと一緒に考えてみるのも、子どもからしたら親近感が湧いてよい体験です。

たとえば、右記のような、反応の仕方がありますね。

類似したシチュエーション

● 保護者との連絡帳を忘れた

● 体育着を忘れた

● 集合する教室を間違えた

たとえば...

ごめんなさい。忘れました。

すみません。できませんでした。

ごめんなさい。やったのですが、
家の机に置いてきてしまいました。

ごめんなさい。ちゃんとやったので、
明日、持ってきます。見てください。

Column 04　力が均衡していることが平和（なのかもしれない）

　皆さんは、平和というものをどのように捉えているでしょうか。もう少し本書に引きつけて言えば、いじめがない対人関係というのをどのように思い描いているでしょうか。理想は大事です。それに向けて現実での努力を重ねていくのですから。

　私たちは、お互いの力が均衡している状態が平和なのかもしれない、と考えるに至っています。身体が大きい、言葉が達者、他人に強く迫ることができる、など対人関係で強くいられる者に対して、遠慮してもらうように要請できるのは、実はそういった子どもよりも強い、先生や保護者といった大人です。「弱い者いじめをするな」「いじわるされる側のことを考えろ」「相手のことを思いやれ」というメッセージは、結局は、より強い立場から、発せられるものです。子ども達同士で、そんなことが言えるのでしょうか。相対的に強くはない側が、「自分は弱いんだから、手加減してよ」と要請できるものでしょうか。難しいのです。

　結局は、押されたら押し返せるような強さを持つしかありません。第１部でもお話しましたが、大人が介入してあげられるのは、子どものうちだけです。強くなるためのコスト（練習する時間や機会や金銭的な負担）を、強くない側が払うのはおかしい、という主張には心情的には同意しますが、スポーツでも勉強でも芸術でもビジネスでも、強くなろう、ともとめなければ結果は得られません。

　先日、公園にいたら、そこで遊んでいた見知らぬ子どもが、友だちから、きつい言葉を投げかけられているのを、たまたま目にしました。ただ、言われた子は、「なんで、○○ちゃんには優しく言えるのに、私には言えないの？」と叫んでいました。力が均衡していること、それ以上嫌な思いをしないための抑止力の必要性を改めて感じました。

　コミュニケーションは身につけられます。早く始めれば、なおのことです。

Chapter 8

護心術 **4**

提案する / 交渉する

Lesson 1

誘(さそ)いを断(ことわ)りたい

都合(つごう)が悪(わる)いときに、
遊(あそ)びに誘(さそ)われた

つぎへ →

お子さまは、何か反応できましたか？

護心術4「提案する／交渉する」は、難しいです。1〜3に充分に反応できるようになってから、挑戦していただきたいです。

何も反応できず固まってしまう、そんなお子さまも多いと思いますが、何かしらの反応ができることが、自分を守り、相手も傷つけないコミュニケーション、の第一歩です。

たとえば、右記のような、反応の仕方があります。

お子さまのキャラクターに合った、言いやすい、咄嗟に出てきやすい言い方が見つかるように、時間を置いてまた、練習してみてください。

☞類似したシチュエーション

- 塾がある日に遊びに誘われた
- 親が言っちゃだめと行っている場所に、行こうと誘われた
- 習い事の試合（発表会）の日に、遊びに誘われた
- 同じ日に別の友だちから、誕生日会に誘われた

たとえば...

ごめん！ また、今度。

えー、ごめん。
用事あるんだ。明日は？

あー、行きたいんだけど、ごめん。
明後日だったら平気なんだけど？

ちょっとむずかしいよー。
また、今度、誘ってー！

帰って勉強するって親と約束し
ちゃったんだよ。また！

Lesson ②

「苦手なことを任されそう」

グループ発表のリーダーを任されそう

つぎへ

お子さまは、何か反応できましたか？

本章、護心術4のテーマ「提案する／交渉する」です。無下に断るだけでは、不十分です。

断るのなら、その代わりに何か提案をする、断らないにしても自分が損をしないように、相手にも負担を背負ってもらうように提案（交渉）する、そんなソーシャル・コミュニケーションスキル™です。

ママ（パパ）なら、「どう言うかなー？」などと一緒に考えてみるのをオススメします。実際に、「ママはこういうのが苦手なんだけど、この間、お願いされちゃったの」などと自分のエピソードを話してみることも、子どもにとっては勉強になりますし、打ち明け話は、仲が深まります。

具体的にお子さまが苦手なことを例にあげて、練習してあげてください。

> 👉 **類**似した**シチュエーション**
>
> ● 苦手な係を任されそう
> ● チームスポーツで苦手なポジションを任されそう

たとえば...

それもおもしろそうだけど、
私〇〇がやりたかったの。

それも楽しそうだけど、
僕〇〇がやりたいんだよねー。

ちょっと苦手なんだよねー。
迷惑かけちゃうかも。

手伝ってくれるなら、いいよ？

Lesson ③

「 みんなの意見が合わない 」

グループ学習で
意見が合わない

つぎへ

お子さまは、何か反応できましたか？

保護者の方によっては、周囲から「うかないこと」、「孤立しないこと」が大事だと思えてくるでしょう。そうかもしれません。

黙っていて、周囲の人の意見がまとまるのをただ待っていても、意見を一生懸命だしている子どもからしたら「ずるいやつ」と思われたり、「協力的ではない」と思われたりすることがあるでしょう。

相手を傷つけてしまっては仕方ありません。思ったことは些細なことでも言う、人の提案は最後までちゃんと聞く、頭ごなしに否定しない、必要以上に仕切ろうとしない、などいろいろと学んで欲しいことが浮かんできますが、まず優先すべきは「提案する」ことです。

> 👉 **類似したシチュエーション**
>
> ● 何で遊ぼうか、意見がまとまらない
> ● チームスポーツでポジションが決まらない
> ● みんなで一緒に動画を見る際に、見たいものがまとまらない

たとえば...

私はこう思うんだよね。○○○○…

はい！ おれはこれがいいです。

じゃあ、こういうのは？

あ、私、それでも（その意見でも）いいな！

○○と△△、半分ずつやる？（折衷案の提案）

「ムリなお願^{ねが}いをされる」

帰^{かえ}らないといけない時間^{じかん}なのに、

友^{とも}だちから「まだ帰^{かえ}んないでー！」

と言^いわれた。

つぎへ

お子さまは、何か反応できましたか？

これも経験が少ない子どもには難しいです。また、このシチュエーションに遭遇した際に、うまく断れず、ずるずると遊びつづけてしまうと、親にも怒られるし、心配もかけるし、友だちからは、遅くまで遊べるものだと思われて、また、同じように誘われるし、どんどん難しいコミュニケーションが要求されるようになっていきます。

できることなら、お友だち同士で放課後に遊び続ける前に、ご家庭で練習しておきたいシチュエーションです。

たとえば、右記のような、反応の仕方がありますね。

お子さまのキャラクターに合った、言いやすい、咄嗟に出てきやすい言い方が見つかるのが望ましいです。

類似したシチュエーション

● 親から友だちにあげてはいけないと言われているおもちゃを、友だちから欲しいとせがまれた
● 家からお金もってこいよ、と言われた
● LINE は 21:00 までと親に言われているが、引き止められる📱

138

たとえば...

うちの親、厳しいんだよー。
また、遊ぼ？

明日また続きやろ？

いや、帰るよー。
お母さん、迎えに来ちゃうからー。

親心配するし、帰るね！
明日、学校で！

いやいや、またねー！

おわりに

いかがでしたでしょうか。

お子さまとご一緒に、第2部のワークを使った、コミュニケーションの練習はできましたでしょうか。

大人同士のコミュニケーションや、普段の大人と子どもの間のコミュニケーションにもないやり取りがたくさん、あったかと思います。

「これ、どう返したらいいの？」と困惑されるシチュエーションもありますよね。

そうなんです。子ども同士のコミュニケーションは意外と難しいのです。

歳（とし）の近い兄弟姉妹や近くに住んでいる親戚や、親同士が仲が良く一緒に遊ぶ友だちがいて、普段から何気なく練習ができているお子さまはよいのですが、そうではないお子さまは、最初は面食らってしまいますよね。家庭にはないコミュニケーションで、ぐいぐいと要求をしてくる同級生に、圧倒されてしまうことも少なくないです。

第1部でもお話しましたが、リアルタイムの言語的なコミュニケーションにおいて「たった一言、それを唱えれば、自らに不利益が生じない、魔法の言葉」などは、ありません。

その都度、その都度、相手の働きかけや状況、自らの欲求に合わせて適切な言葉を瞬時に返していかないといけません。

そのためには、頭で考えずに、反射的に言葉が出てくる必要があります。
では、どうすれば、そんなコミュニケーション上手になれるのでしょうか。

そう、第1部でもお話した通り、結局は、繰り返し、繰り返しの反復的な練習や、練習となる経験の蓄積です。

大人の皆様は、お一人おひとり、何かしら得意なこと、わざわざ頭で考えなくても自然にできることが、ひとつやふたつあるはずです。お仕事でも、車の運転でも、お料理でも、楽器の演奏でも、スポーツでも…、身体に染み付いていて、自然にできてしまうことがあると思います。そのようなレベルで、お子さまが子ども同士のコミュニケーションを上手にこなし、楽しめるようになれたらいいですよね。私たちが望むのも、そのような状態です。

　少子化で子育て世帯も減少し、子ども達同士のコミュニケーションの練習の機会が減る時代のなかで、お子さまが同世代とのコミュニケーションへのつまずきから、小学校やその後の社会生活に苦手意識をもってしまう可能性はどんどん増しています。

　ぜひ、お子さまのコミュニケーションの練習の機会を増やしてあげてください。

　ご家庭や学級では時間がない、もう自分とは関係性ができてしまっているので、慣れていない他人との練習をさせてあげたいなど、課題があるようでしたら、私たちの教室やオンラインでのレッスンもぜひご検討ください。

　お子さまが「自分で自分を護り、相手も傷つけない」、そんな一生もののソーシャル・コミュニケーションスキル™を身につけることを、こころの護心術教室™では、サポートさせていただきます。

付録

　いじめ被害等の公的相談窓口をご紹介します。

24 時間子供 SOS ダイヤル（文部科学省）

　いじめ問題やその他の子どものSOS全般に悩む子どもや保護者などが、いつでも相談機関に相談できるよう、都道府県及び指定都市教育委員会が夜間・休日を含めて24時間対応しています。

0120-0-78310　←子どもだけで電話をかけても OK

詳細

 https://www.mext.go.jp/ijime/detail/dial.htm

こどもの人権 110 番（法務省）

　「いじめ」や体罰、不登校や親による虐待といった、子どもをめぐる人権問題は周囲の目につきにくいところで発生していることが多く、また被害者である子ども自身も、その被害を外部に訴えるだけの力が未完成であったり、身近に適切に相談できる大人がいなかったりする場合が少なくありません。「こどもの人権110番」は、このような子どもの発する信号をいち早くキャッチし、その解決に導くための相談を受け付ける専用相談電話であり、子どもだけでなく、大人もご利用可能です。電話は、最寄りの法務局・地方法務局につながり、相談は、法務局職員又は人権擁護委員が受けます。相談は無料、秘密は厳守されます。

0120-007-110

詳細

 https://www.moj.go.jp/JINKEN/jinken112.html

インターネット上での被害

　保護者の方と、ご利用ください。

《相談＋アドバイス》
●インターネット人権相談受付窓口（法務省）
　　https://www.moj.go.jp/JINKEN/jinken113.html

《具体的な解決》
●インターネット 違法・有害情報相談センター
　（総務省委託事業）
　　https://ihaho.jp/

●誹謗中傷ホットライン
　（一般社団法人セーファーインターネット協会）
　　https://www.saferinternet.or.jp/bullying/

●サイバー犯罪相談窓口（警察庁）
　　https://www.npa.go.jp/cyber/soudan.html

　P.142〜P.143 に掲載したウェブサイトのアドレスは、2023 年 8 月時点のものです。
ウェブサイトのアドレスは廃止や変更がなされることがあります。最新のアドレスについ
ては、ご自身でご確認ください。

著者略歴

長内 優樹（おさない ゆうき）
心理学の学習／研究支援サービスを行う「合同会社セカンダリー」
代表。複数の大学で教員を兼任。心理学の国家資格である公認心
理師の成立活動、複数の自治体での不登校支援事業にも従事。「子
ども未来支援連盟」専務理事。「こころの護心術教室」学長。

斉藤 実（さいとう みのる）
哲学教育系雑誌編集長を経て、「アスキー」入社。人財育成・DX
手法の能力アセスメント開発会社「株式会社ネクストエデュケー
ションシンク」を創業。代表取締役。人財能力研究機関「NET 総
合研究所」所長。「こども未来支援連盟」理事長。「本郷人間塾™」
理事長／「日本イノベーション融合学会」顧問／「本郷コンサル
ティンググループ」シニアコンサルタント／人財育成コンサルタ
ント／認定診断分析マスターアセッサー／ITSS 認定コンサルタン
ト／能力診断開発コンサルタント

小学生からはじめる　こころの護心術™
ソーシャル・コミュニケーションスキル™

2023 年 9 月 30 日　発行　初版　第 1 刷発行

　著　者　長内優樹　ⒸYuki Osanai
　　　　　斉藤　実　ⒸMinoru Saito
　監　修　ネクストエデュケーションシンク
　編　　　こども未来支援連盟「こころの護心術教室™」
　発行者　面 屋　　洋
　発行所　清 風 堂 書 店
　　　〒 530-0057　大阪市北区曽根崎 2-11-16
　　　　TEL　06（6313）1390
　　　　FAX　06（6314）1600
　　　　振 替　00920-6-119910

制作編集担当・長谷川桃子

ブックデザイン・イラスト／ウエナカデザイン事務所
印刷・製本／尼崎印刷株式会社
ISBN978-4-86709-028-2 C0037